大展好書　好書大展
品嘗好書　冠群可期

大展好書　好書大展
品嘗好書　冠群可期

孫式太極拳 2

孫式 太極拳

拳架解析

張大輝　編著

大展出版社有限公司

孫劍雲和本書作者張大輝
（參加山西科技出版社出版《孫氏太極拳劍》
1955年於太原迎澤公園）

拜師儀式上同帖師兄與劍雲老師合影留念
（前排孫劍雲，後排左起張大輝、杜魏、白普山、
劉陶新、冉槐，1993年5月於北京香山飯店）

拍攝高教出版社《孫氏太極拳》錄影片
（前排左起：李順、孫庚辛、付淑媛、孫劍雲、白普
山、金繼香、孫寶安、孫鵬、劉彥龍。後排左起：孫永
田、張大輝、劉樹春。1995年10月於香山植物園）

電視劇本《孫祿堂》研討會
（前排左起：付淑媛、孫劍雲、陳小鳳。後排左起：白普
山、六小靈童章金萊、電視劇《西遊記》編劇戴英祿、李
順、張大輝、孫鵬、孫庚辛，1995年於北京安貞西里）

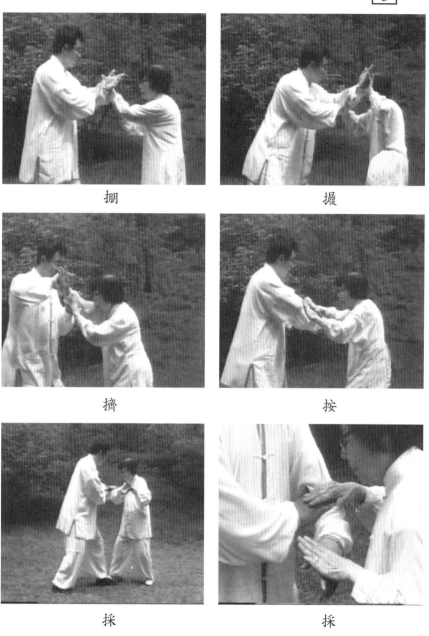

掤

攦

擠

按

採

採

孫劍雲和張大輝太極推手示範圖譜（一）

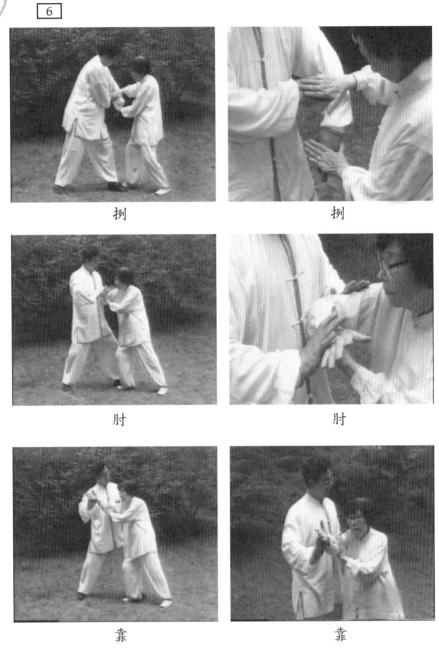

捌　　　　　　　捌

肘　　　　　　　肘

靠　　　　　　　靠

孫劍雲和張大輝太極推手示範圖譜（二）

前　言

　　接觸太極拳，是上個世紀80年代初期。當時，我正在清華大學機械系讀本科。由於身體原因，我的體育課轉入學校的體療班。體療班開設的課程包括現在流行的二十四式太極拳等。對太極拳的瞭解正是從這個時候開始的。透過學習太極拳，也知道了太極的概念。

　　在清華的十幾年學習歷程中，我的業餘時間除了完成學習任務，幾乎全部花在了對太極拳以及與之相關的周易和孫子兵法的學習和研究上。我在2008年3月完成的一篇文章「太極文化的七步九點論」是對上述幾方面學習的初步粗淺綜合小結（見本書附錄）。

　　上個世紀80年代，中國流行武術熱，其中李連杰主演的《少林寺》起了很大的推動作用。當時，我自己正是二十來歲的年齡，爭強好勝，總希望自己能夠像銀幕上李連杰所主演的豪傑人物那樣，有一身好功夫，也在想像的社會上、江湖中除暴安良，救民於水火，等等之類的情懷說來頗多。現在想起來，才覺當初有些幼稚，但那時卻渾然不知。現在想起，不禁啞然一笑。但也正是那時幼稚的所謂豪情，使我對與太極相關的文化癡心不已，持之以恆，希圖究竟，以至於今。

　　談起學習太極拳的歷程，可以說讓我受益的師友非常之多。記憶中有內蒙古自治區陳式拳專家欽格勒圖（音）先生、陳式拳專家著名畫家圖木斯（音）先生、大學時代體療班和校武術隊的教師和同學，精研道家功法的清華老學長以及許多北京、河北和山東一帶的武術家，等等。

　　應該著重說明的是，使我對太極拳的理解和認知產生較深刻變化的有兩人，一位是我的外祖父，一位是孫式太極拳家孫劍雲。

　　在清華讀書期間，我隨體療班上課，課間我便修習利用清華每年兩個月的暑假時間向外祖父學習的蒙古密法。蒙古密法是蒙元帝國時期太極文化的一種傳承形式，簡要內容和修習方法我已成文發表在2004年《武魂》第二期雜誌上（詳見本書附錄）。

　　1992年，遵照外祖父的囑咐，我師從孫劍雲修習孫式拳。劍雲師的孫式拳學幫我理清了許多關於太極文化方面的疑惑，使我認識到蒙古密法與孫式拳學殊途同歸，本無二致。此外，劍雲師對太極文化的深刻認知也使我進一步深化了對蒙古密法的認知。可以說，劍雲師不僅是我修習太極拳的導師，同樣也是我蒙古密法修習過程中的導師。劍雲師深厚的文化底蘊使我對太極文化的認知不斷加深，並催生了「孫式太極拳文化內涵初探」和「太極文化的七步九點論」等兩篇文章的成文和發表（詳見本書附錄）。

　　十數年中，透過對孫式拳學的修習，我逐步認識到，孫式拳學是一個集大成類的武學體系。可謂：綜合流派，沉思精釀；參武當，訪少林；採形意，合八卦，證太極；

據易品道，推陳出新，卓然獨立，自成一家；儼然武學一崑崙。

孫式拳學，與武與文，皆得要義。與武，頭、手、肩、肘、胯、膝、足「三、九」安排，並和精神相協，可謂聯動備至，精到無比。與文，一理、二氣、三才、四象、五行、六合、七星、八卦、九宮，要言之為九點論，可稱理法謹密，結構森嚴。文武相統，與時諧進。總之，孫式拳學，是武學，也是道學。

本書的寫作始於2003年恩師劍雲逝世不久後的深秋季節，2010年5月間大致完成。在編輯出版過程中得到溫月芳、張殿山、張建偉、韓斌、法鋼法師、楊永崗、藏光法師、王卓峰、崔為民、郭玉強、柴永剛、隋小龍、馬海東、葉軍、唐豔華、張一凡、李國華等友人以及山西科學技術出版社的大力支持和幫助，在此一併致謝。

張大輝

目　錄

第一篇　孫式太極拳概述

一、孫式太極拳源流

「太極」一詞源出《周易》。《周易》中的《易經・繫辭上傳》第十一章中寫到，子曰：「夫易何為者也？夫易開物成務，冒天下之道，如斯而已者也。是故……是故，易有太極，是生兩儀，兩儀生四象，四象生八卦，八卦定吉凶，吉凶生大業……」這裡，太極一詞含有經過循序漸進、前後節制，達到規範次第、高度有序狀態的意思。

太極拳，曾被稱為「長拳」、「綿拳」、「十三勢」、「軟手」等等。太極拳以「掤、捋、擠、按、採、挒、肘、靠、進、退、顧、盼、定」為基本方法。在運動中，要求呼吸自然，形意互動，中正安舒，不偏不倚，虛實分明，連綿不斷。在交互運動中，要求動靜相隨，剛柔相濟，虛實相應，隨人由己，黏走相依，因勢而變；宜「動急則急應，動緩則緩隨」。最終，達致體意相諧，形神兼備的狀態。

太極拳，據《中國傳統武術史》作者于志均先生考

證，作為一種拳術的名稱，有記載的最早資料是王宗岳的《太極拳論》。這份資料出現在1852年（咸豐二年），是武禹襄（1812～1880，名河清，號廉泉）的兄長武澄清（1800～1884，字霽宇）發現的。

武禹襄同鄉楊祿禪（1799～1872，名福魁，別號祿纏）曾在河南溫縣陳家溝陳長興（1771～1853）處修習太極拳十餘載。武禹襄從楊祿禪學，但不得要領。遂大約於1853年親赴河南懷慶縣趙堡鎮訪陳清平（1795～1868，又名清萍或青平），研究月餘，始得精妙。後來，根據習練心得著有《十三勢行功要解》、《十三勢說略》、《太極拳解》、《太極拳論要解》、《四字秘訣》、《打手撒放》、《身法十要》等拳論和習拳要旨。此外，武禹襄的長兄武澄清著有《釋原論》和《打手論》等；武禹襄的仲兄武汝清也著有《太極拳結論》等武學篇章。

武禹襄的外甥李亦畬（1832～1892，名經綸，武禹襄姐姐之子）和李啟軒（1835～1900，名承綸，李亦畬之弟）均從學。李亦畬著有《太極拳小序》、《五字訣》、《走架打手行功要言》、《撒放秘訣》、《論虛實開合圖》、《身備五弓解》、《太極拳譜跋》等拳論。李啟軒著有《一字決》和《太極拳行功歌》等。武禹襄的入門弟子還有楊祿禪的次子、著名太極拳實戰家楊班侯（1837～1892，名鈺）。

李亦畬傳郝和（1849～1920，字為真），郝和得拳法竅要，稱名冀南。1912年，在北京訪友時識孫祿堂先生（1860～1933，名福全，晚號涵齋），並引為知己。孫祿

堂先生自請列為弟子，得識武李式太極拳竅要。後與先前所學形意拳、八卦拳相融合，於1919年創孫式太極拳。

二、孫式太極拳宗師略傳

（一）孫祿堂先生

孫祿堂先生（1860～1933）是孫式太極拳創始人，名福全，字祿堂，晚號涵齋，祖籍河北省完縣。先生幼年隨家鄉拳師習少林拳技，13歲（約1873年）在保定一家毛筆店學徒。期間，師從形意拳家李奎元先生。兩年（約1875年）後，李奎元先生薦先生至郭雲深先生（李奎元先生之師）處深造拳技，相從先後8年。之後（約1883年），由郭雲深先生薦至北京八卦拳家程廷華先生處修習拳技。1886年春，在程廷華先生建議並資助下，在國中遊學拳技，足跡遍佈南北11省。此間，屈己待人，交流有無，識友甚多，影響廣布。1888年，返歸故里，在家鄉創辦蒲陽拳社，廣開門庭，學人甚眾。

1907年，先生被東北三省總督徐世昌聘為東北督府幕賓。後因功保為知縣。1909年，隨徐世昌返京。居京期間，於1912年遇武式太極名家郝為真先生傳以太極拳技。先生遂融合以往所學形意、八卦等拳技，於1919年創製孫式太極拳，德藝為時人推重。創拳同年，又被徐世昌聘為總統府校尉承宣官，授陸軍少校，六等文虎章。

1928年3月，南京中央國術館成立（館長張之江，副

館長李景林），先生受聘為該館武當門門長。7月，又被聘為江蘇省國術館副館長兼教務長。在兩校執教期間，精心栽培，成就人才甚眾。

先生以德藝服人，曾攜款至家鄉賑災。在武學交往中，曾藝服俄、日武學專家多人。在當時的武術界，享有「虎頭少保，天下第一手」的美譽。

先生著述頗豐，1915至1932年間，先後有《形意拳學》、《八卦拳學》、《太極拳學》、《拳意述真》、《八卦劍學》、《八卦槍學》(未出版)、《論拳術內外家之別》、《詳述形意、八卦、太極之原理》等重要專著和文章問世，影響至今深遠。

先生一生因材施教，桃李遍天下。著名者有：子存周、女劍雲，以及張玉峰、裘德元、齊公博、孫振川、孫振岱、陳微明、李玉琳、曹晏海、胡鳳山、馬承智、朱國楨、鄭懷賢、陳守禮、支燮堂、劉如桐等。

孫式太極拳是孫祿堂先生根據形意、八卦、太極等多個拳種的習練心得，去粗取精，去偽存真，採其精華，融會貫通，合冶一爐，創編而成。此拳架高步活，開合有序，手步多變，伸縮有度。實踐證明，習練此拳，能夠實現修心養性、健身康體、防身技巧等多種效能的有機結合。

（二）孫存周先生

孫存周先生（1893～1963），諱煥文，號二可，是孫祿堂先生次子。

　　孫存周先生16歲始奮發苦修，三年得家學大要。深得太極、形意、八卦諸拳的精髓，更以擊技聞名於世。

　　1929年浙江省國術遊藝大會，先生被聘為首席監察委員。後受聘為江蘇省國術館代理教務長。1935年民國第六屆全國運動會，先生被聘為國術評委。先生博學清雅，知書擅畫。後隱志清修，享壽而去。

（三）孫劍雲女士

　　孫劍雲女士（1914～2003）是孫祿堂先生之女。9歲時即隨父兄習武修文。對孫式形意、八卦、太極三拳劍，造詣精深，劍法尤其獨到，當時行家稱「得孫祿堂先生劍法之神韻」。

　　1930年，孫劍雲任江蘇國術館教習；並與兄長孫存周同隨武當劍術名家李景林習劍。1931年，江蘇國術館開辦女子班，任女子班教習。

　　孫劍雲雅好京劇、書畫等藝術。曾隨書法家高道天習魏碑，隨北京畫家方曼雲學畫。1934年，考入北平美華美術專科學校，師從周元亮習仕女、山水畫。1937年，在中山公園舉行畫展，被譽為北平四小名畫家之一。

　　1949年後，孫劍雲先後撰寫出《孫式太極拳・劍》、《孫式太極拳簡化套路》、《形意八式》、《純陽劍》、《孫式太極拳特點和要求》、《孫祿堂武學錄》等專著和文章。

　　孫劍雲多次出任全國和北京市武術比賽的裁判和裁判長。1957年，被聘為全國武術表演會上四個名譽國家裁判

之一。1959年，被聘為我國第一屆全運會第一位武術女裁判。1962年，擔任北京市高校運動會副總裁判兼裁判長。1963年，擔任北京市太極拳表演會副總裁判兼裁判長。

1979年，孫劍雲當選為北京市武術協會副主席。1983年，當選為北京市首任形意拳研究會會長。同年，孫式太極拳研究會成立，任會長。1988年，在中國國際武術節上獲武術貢獻獎。

1995年，全國首屆「中華武林百傑」評選活動中，先生被評為「中國當代十大武術名師」之一，並被中國武術研究院聘為特邀研究員。

（四）支燮堂先生

支燮堂先生（1896～1972）是孫祿堂先生晚年所收弟子。先生傾力於孫式武學研究數十載，是中國現代武術史上最早致力於傳統武術科學化的代表人物之一。

先生將功法和人體生理結合研究，成就斐然，有《太極拳講稿》問世。

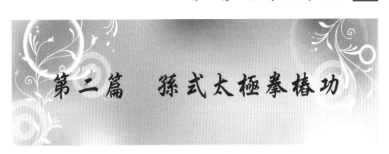

第二篇　孫式太極拳樁功

一、孫式太極拳對身體 各個部位的要求

太極宗師曾言，「一舉動周身俱要輕靈，尤需貫穿，勿使有凸凹處，勿使有缺陷處」等等。這就涉及到在太極拳行拳過程中，身體各個部位應該嚴格遵守的規範或規矩。對此，孫祿堂先生曾提出「三害九要」用於規範身體的各個部分。孫劍雲在《孫式太極拳・劍》中的「太極拳身法概要」中也有詳細說明。

筆者曾從家親修習《蒙古密法》。這些關於身體和心意的鍛鍊方法都對身體在心意引領下的動作過程有著一些嚴格的規定。

下面總結相關方面的要點如下。

（一）頭面部

行拳過程中，面部表情應自然，頭項端正鬆豎，虛虛向上領起，眼睛向前方平視，儘量用餘光照顧上下左右；口微閉，齒輕合，舌頂上齶，下頜裡收。呼吸宜任自然，儘量用鼻呼吸，也可鼻吸口呼。

這些狀態的複合疊加即是虛靈頂勁。

（二）上肢部

肩部宜處鬆沉狀態，腋下要虛開一些；肘部在行拳過程中始終寓有垂意；手腕部宜呈鬆塌狀態，可進一步細分為裡塌和外塌兩種狀態。手掌形態呈五指分開，手心虛含，如同抓抱一大球。

手掌成拳時，先將除拇指外的其餘四指同時向裡捲曲扣向手心部，不要過緊；再將拇指捲曲扣向食指和中指的中部；整體微微用力成拳。

（三）軀幹部

胸部呈放鬆狀態，不要刻意內含。背部隨頭項鬆豎有微微拔起之意。腹部宜呈鬆靜狀態，所謂鬆靜，是指在行拳過程中切忌刻意鼓蕩，只要隨呼吸運行，自然動作即可。

腰部是太極拳行拳的關鍵，宜呈鬆沉兼鬆豎的狀態，這種狀態稱之為塌腰。臀部隨腰腹動作，鬆斂即可。

（四）下肢部

襠部宜呈虛圓兼鬆圓的狀態。胯宜呈鬆軟的狀態。膝部要略彎，腳踝部儘量放鬆。腳部，無論全腳著地，還是腳跟或前腳掌著地，都宜保持腳掌鬆平，足心微微內含的狀態。

根據上述說明，結合太極拳先賢們的經驗，簡結如

下：

　　　　豎項起靈勁，極頂通湧泉；

　　　　腰脊微微直，足底輕靈點；

　　　　腰腹常鬆開，呼吸任自然；

　　　　沉肩又墜肘，膝彎胯宜軟；

　　　　手張神意至，九要始俱全；

　　　　聯動呈一體，太極要義現。

二、孫式太極拳無極樁功

　　太極宗師王宗岳先生有言：「太極者，無極而生，動靜之機，陰陽之母也。」語甚概括，言簡意賅，強調無極態是太極態的源頭。對於無極態的把握，孫式太極拳創始人孫祿堂先生在《太極拳學》一書中給出了詳細的練習方法，孫劍雲更是在《孫式太極拳·劍》一書中將這種狀態的求索方法，列為孫式太極拳修煉的基礎樁功之一。現簡要綜述如下：

無極樁功練法：

　　起點面向正方（晨練時可面向東方），身子直立，兩手下垂，兩肩不可向下用力，下垂要自然，兩足根儘量相併，腳尖分開成 90 度角。兩足虛平塌地，兩足尖不用力抓扣，兩足後跟也不用力蹬扭。兩腿似直而曲，身子如同立在沙漠之地。手足也沒有往來動作的節制，身心也不必刻意體會開合頂勁的靈活狀態，僅順其自然之性，流行不已。心中空空洞洞，內無所思，外無所視，伸縮往來，進

退動作，皆無徵兆。身體內外之情景，如同雨簷流水，似直而曲，如沐如浴。如圖1、圖2所示。

圖1（微閉眼態）　　圖2（開眼態）

三、孫式太極拳三體式樁功

　　孫式太極拳行拳過程中的「進步必跟，退步必撤」，可視為借鑒了孫式形意拳中「五行、十二形」中步法運用的變種。因此，為了體會相關要領，將「三體式」引入孫式太極拳的修煉，作為孫式太極拳的樁功形式之一。

　　三體式樁功練法：

　　【動作1】由無極樁功開始，兩手於身體兩側微微撐開。此時，宜參照本章第一節中對身體各個部分的要求，用意刻劃身體各部。兩眼平視。總之，要體會「虛靈

頂勁，氣沉丹田，不偏不
倚，忽隱忽現」的整體狀
態（通體關照）。如圖3
所示。

圖3

【動作2】身體重心
移至右足，兩手從身體兩
側，向身體前上方舉抬，
至兩肘貼靠兩脅，兩手食
指相交於下頜的前下方，
左手在下，右手在上。同
時，左腳掌虛平著地，左

腳跟移至右腳踝前，左右腳成45度角。此時，身體呈微
下蹲態，膝彎不過腳尖。眼視前方。如圖4～圖9所示。

【動作3】身體持住勁。左腳虛平著地，伸向正前

圖4

圖5

圖6

圖7

圖8

圖9

方，以不牽動右腳重心為限。同時，兩手徐徐分開，左掌
向前推，左手食指高不過口鼻；右手向下後拉至小腹肚臍
下少許，輕輕貼住。定勢時，兩手虎口微微撐圓。兩手臂

圖 10

圖 11

圖 12

圖 13

似直非直，似曲非曲。如圖 10～圖 13 所示。

以上動作 1、動作 2、動作 3 合稱為右三體式樁功練習方法。換式為左三體式樁功練習方法如下：

【動作 4】將重心移至左足。右足虛平著地向前方邁出，以不牽動左腳重心為限。同時，右掌向前推，右手食指高不過口鼻；左手向下後拉至小腹肚臍下少許，輕輕貼住。兩手要領同前。如圖 14～圖 18 所示。

圖 14　　　　　　　　　　圖 15

圖 16　　　　　圖 17　　　　　圖 18

　再換式為右三體式樁功時，可參照上述方法，只要左右對稱即可。如圖19～圖22所示。

　收式練習方法如下：

圖19

圖20

圖21

圖22

【動作 5】從右三體式樁功開始，身體持住勁。左足收回至起式位置。兩手徐徐回至身體兩側。然後，整體放鬆即可。如圖 23～圖 26 所示。

圖 23

圖 24

圖 25

圖 26

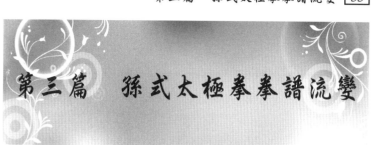

第三篇　孫式太極拳拳譜流變

一、孫祿堂先生拳譜

　　孫祿堂先生在 1919 年 10 月（民國 8 年 10 月）出版的《太極拳學》（以下簡稱祿堂版）中共有 98 個拳式，名稱如下：

第 1 式　無極學	第 2 式　太極學
第 3 式　懶紮衣學	第 4 式　開手學
第 5 式　合手學	第 6 式　單鞭學
第 7 式　提手上式學	第 8 式　白鶴亮翅學
第 9 式　開手學	第 10 式　合手學
第 11 式　摟膝拗步學	第 12 式　手揮琵琶式學
第 13 式　進步搬攔捶學	第 14 式　如封似閉學
第 15 式　抱虎推山學	第 16 式　開手學
第 17 式　合手學	第 18 式　摟膝拗步學
第 19 式　手揮琵琶式學	第 20 式　懶紮衣學
第 21 式　開手學	第 22 式　合手學
第 23 式　單鞭	第 24 式　肘下看捶學
第 25 式　倒輦猴左式學	第 26 式　倒輦猴右式學

第 27 式　　手揮琵琶式學　　第 28 式　　白鶴亮翅學

第 29 式　　開手學　　　　　第 30 式　　合手學

第 31 式　　摟膝拗步學　　　第 32 式　　手揮琵琶式學

第 33 式　　三通背學　　　　第 34 式　　開手學

第 35 式　　合手學　　　　　第 36 式　　單鞭學

第 37 式　　雲手學　　　　　第 38 式　　高探馬學

第 39 式　　右起腳學　　　　第 40 式　　左起腳學

第 41 式　　轉身踢腳學　　　第 42 式　　踐步打捶學

第 43 式　　翻身二起學　　　第 44 式　　披身伏虎學

第 45 式　　左踢腳學　　　　第 46 式　　右蹬腳學

第 47 式　　上步搬攔捶學　　第 48 式　　如封似閉學

第 49 式　　抱虎推山學　　　第 50 式　　右轉開手學

第 51 式　　右轉合手學　　　第 52 式　　摟膝拗步學

第 53 式　　手揮琵琶式學　　第 54 式　　懶紮衣學

第 55 式　　開手學　　　　　第 56 式　　合手學

第 57 式　　斜單鞭學　　　　第 58 式　　野馬分鬃學

第 59 式　　開手學　　　　　第 60 式　　合手學

第 61 式　　單鞭學　　　　　第 62 式　　右通背掌學

第 63 式　　玉女穿梭學　　　第 64 式　　手揮琵琶式學

第 65 式　　懶紮衣學　　　　第 66 式　　開手學

第 67 式　　合手學　　　　　第 68 式　　單鞭學

第 69 式　　雲手學　　　　　第 70 式　　雲手下勢學

第 71 式　　更雞獨立學　　　第 72 式　　倒輦猴學

第 73 式　　手揮琵琶式學　　第 74 式　　白鶴亮翅學

第 75 式　　開手學　　　　　第 76 式　　合手學

第77式　摟膝拗步學	第78式　手揮琵琶式學
第79式　三通背學	第80式　開手學
第81式　合手學	第82式　單鞭學
第83式　雲手學	第84式　高探馬學
第85式　十字擺蓮學	第86式　進步指襠捶學
第87式　退步懶紮衣學	第88式　開手學
第89式　合手學	第90式　單鞭學
第91式　單鞭下勢學	第92式　上步七星學
第93式　下步跨虎學	第94式　轉角擺蓮學
第95式　彎弓射虎學	第96式　雙撞捶學
第97式　陰陽混一學	第98式　無極還原學

二、孫劍雲先生拳譜

現將孫劍雲先生在 1997 年由山西科技出版社出版的
《孫式太極拳劍》（以下簡稱劍雲版）一書中所用拳譜列
示如下：

第1式　起式	第2式　懶紮衣
第3式　開手	第4式　合手
第5式　單鞭	第6式　提手上式
第7式　白鶴亮翅	第8式　開手
第9式　合手	第10式　摟膝拗步
第11式　手揮琵琶	第12式　進步搬攔捶
第13式　如封似閉	第14式　抱虎推山
第15式　開手	第16式　合手

第 67 式	雲手	第 68 式	雲手下勢
第 69 式	金雞獨立	第 70 式	倒輦猴
第 71 式	手揮琵琶	第 72 式	白鶴亮翅
第 73 式	開手	第 74 式	合手
第 75 式	摟膝拗步	第 76 式	手揮琵琶
第 77 式	三通背	第 78 式	懶紮衣
第 79 式	開手	第 80 式	合手
第 81 式	單鞭	第 82 式	雲手
第 83 式	高探馬	第 84 式	十字擺蓮
第 85 式	進步指襠捶	第 86 式	退步懶紮衣
第 87 式	開手	第 88 式	合手
第 89 式	單鞭	第 90 式	單鞭下勢
第 91 式	上步七星	第 92 式	退步跨虎
第 93 式	轉角擺蓮	第 94 式	彎弓射虎
第 95 式	雙撞捶	第 96 式	陰陽混一
第 97 式	收式		

孫式太極拳祿堂版和劍雲版的區別說明如下：

1. 孫劍雲在 1997 年由山西科技出版社出版的《孫式太極拳劍》（以下簡稱劍雲版）一書中，將祿堂版所用拳譜中的第 1 式無極式和第 2 式太極式合併為劍雲版所用拳譜中的第 1 式起式。

2. 祿堂版中第 33 式三通背學變為劍雲版中的第 31 式三通背和第 32 式攬紮衣。

3. 祿堂版中的第 41 式轉身踢腳學在劍雲版中變為第 40 式轉身蹬腳。

4. 祿堂版中第 43 式翻身二起學在劍雲版中變為第 42 式翻身右起腳。

5. 祿堂版中第 45 式左踢腳學在劍雲版中變為第 44 式左起腳。

6. 祿堂版中第 46 式右蹬腳學在劍雲版中變為第 45 式轉身右蹬腳。

7. 祿堂版中第 52 式摟膝拗步學後接第 53 式手揮琵琶式學，然後再接第 54 式懶紮衣學。在劍雲版中變為第 51 式摟膝拗步直接接第 52 式懶紮衣。

8. 祿堂版中第 58 式野馬分鬃學後直接接第 59 式開手學。劍雲版中第 56 式野馬分鬃後接第 57 式懶紮衣，然後再接第 58 式開手。

9. 祿堂版中第 63 式玉女穿梭學後接第 64 式手揮琵琶式學，再接第 65 式懶紮衣學。而劍雲版中第 62 式玉女穿梭直接接第 63 式懶紮衣。

10. 祿堂版中第 71 式為更雞獨立學，劍雲版中變為第 69 式金雞獨立。

11. 祿堂版中第 79 式三通背學後直接第 80 式開手學。而劍雲版中第 77 式三通背後接第 78 式懶紮衣，然後再接第 79 式開手。

12. 祿堂版中第 93 式下步跨虎學在劍雲版中變為第 92 式退步跨虎。

13. 祿堂版中第 98 式無極還原學在劍雲版中變為第 97 式收式。

三、本書所用拳譜簡介

本書所用拳譜是綜合祿堂版和劍雲版中所用拳譜而成。列示如下：

第 1 式	無極態	第 2 式	太極態
第 3 式	懶紮衣	第 4 式	開手
第 5 式	合手	第 6 式	單鞭
第 7 式	提手上式	第 8 式	白鶴亮翅
第 9 式	開手	第 10 式	合手
第 11 式	摟膝拗步	第 12 式	手揮琵琶
第 13 式	進步搬攔捶	第 14 式	如封似閉
第 15 式	抱虎推山	第 16 式	開手
第 17 式	合手	第 18 式	摟膝拗步
第 19 式	手揮琵琶	第 20 式	懶紮衣
第 21 式	開手	第 22 式	合手
第 23 式	單鞭	第 24 式	肘下看捶
第 25 式	倒輦猴	第 26 式	手揮琵琶
第 27 式	白鶴亮翅	第 28 式	開手
第 29 式	合手	第 30 式	摟膝拗步
第 31 式	手揮琵琶	第 32 式	三通背
第 33 式	開手	第 34 式	合手
第 35 式	單鞭	第 36 式	雲手
第 37 式	高探馬	第 38 式	右起腳
第 39 式	左起腳	第 40 式	轉身蹬腳

第 41 式　踐步打捶　　　第 42 式　翻身右起腳
第 43 式　披身伏虎　　　第 44 式　左起腳
第 45 式　轉身右蹬腳　　第 46 式　上步搬攔捶
第 47 式　如封似閉　　　第 48 式　抱虎推山
第 49 式　開手　　　　　第 50 式　合手
第 51 式　摟膝拗步　　　第 52 式　手揮琵琶
第 53 式　懶紮衣　　　　第 54 式　開手
第 55 式　合手　　　　　第 56 式　斜單鞭
第 57 式　野馬分鬃　　　第 58 式　懶紮衣
第 59 式　開手　　　　　第 60 式　合手
第 61 式　單鞭　　　　　第 62 式　右通背掌
第 63 式　玉女穿梭　　　第 64 式　手揮琵琶
第 65 式　懶紮衣　　　　第 66 式　開手
第 67 式　合手　　　　　第 68 式　單鞭
第 69 式　雲手　　　　　第 70 式　雲手下勢
第 71 式　更雞獨立　　　第 72 式　倒輦猴
第 73 式　手揮琵琶　　　第 74 式　白鶴亮翅
第 75 式　開手　　　　　第 76 式　合手
第 77 式　摟膝拗步　　　第 78 式　手揮琵琶
第 79 式　三通背　　　　第 80 式　開手
第 81 式　合手　　　　　第 82 式　單鞭
第 83 式　雲手　　　　　第 84 式　高探馬
第 85 式　十字擺蓮　　　第 86 式　進步指襠捶
第 87 式　退步懶紮衣　　第 88 式　開手
第 89 式　合手　　　　　第 90 式　單鞭

第 91 式　單鞭下勢　　第 92 式　上步七星

第 93 式　下步跨虎　　第 94 式　轉角擺蓮

第 95 式　彎弓射虎　　第 96 式　雙撞捶

第 97 式　陰陽混一　　　第 98 式　無極還原

本書採用拳譜（以下簡稱新譜）的特徵點列示如下：

1. 本書所用拳譜中的第 1 式到第 24 式，第 59 式到第 98 式均與祿堂版相同；

2. 本書所用拳譜將祿堂版中的第 25 式和第 26 式合併為第 25 式倒輦猴。

3. 本書所用拳譜仿劍雲版將第 58 式野馬分鬃學式分為二式，即第 57 式野馬分鬃和第 58 式懶紮衣。

4. 本書所用拳譜仿劍雲版將祿堂版中的第 41 式轉身踢腳學式變為第 40 式轉身蹬腳。

5. 本書所用拳譜第 1 式用無極態命名。

6. 本書所用拳譜第 2 式用太極態命名。

7. 本書所用拳譜第 71 式採用祿堂版中拳式名稱更雞獨立。

8. 本書所用拳譜第 98 式名稱採用祿堂版中拳式名稱無極還原。

9. 除上述諸點，本書所用拳譜名均與劍雲版相同。

第四篇　孫式太極拳拳架解析

第一式　無極態

意象：

身體恭肅，和思澄澈，洗心滌慮，一任靜寂。

動作：

身體直立，面部端莊，眼神微閉或平視，內察周身；呈放鬆態。頭手肩肘胯膝足等皆無主觀動作表現；一任自然。如圖27～圖28所示。

圖27（眼微閉）

圖28（開眼態）

孫祿堂先生有言：行無極態式時，「心中空空洞洞，內無所思，外無所示，伸縮往來，進退動作，皆無徵兆」，即是此意。

第二式　太極態

意象：

《蒙古密法簡介》一文中有言：「妙在整念，安排各端，心繫唯一，諸般安然」，可用於形容行太極式時的整體思維狀態。此外，這種思維狀態可推及太極態式以後諸式用意。進一步講，「整」即是統籌考慮周身各大關節，即頭、手、肩、肘、胯、膝、足等。安排即是用「九要」去安排，去保持「一動無有不動，一靜無有不靜」的狀態。所以，太極態式一發動，則需「九要」齊備。且以後各式均需保持「九要」規矩，須臾不可離之。如此，方能漸進「周身無處不太極」的狀態，達到身體運動時的高度協調有序。

【動作 1】

兩足根略略相併，兩腳尖分開成 90 度角；兩手略鬆平展。此動作可喻示無極之末，太極之始；稱之為無極態中之有極態，是無極態和太極態的轉關態。兩眼視前方。如圖 29 所示。

【動作 2】

兩手微張，收至兩胯前，虛抱小腹。兩臂微屈，兩肩鬆開。右足尖向裡轉，與左足成 45 度角。同時，身體向

左邊轉。兩眼隨即向左前方看去。此時，用意關注全身，宜心靜，全身動作要自然，應該一動無有不動，一靜無有不靜。如圖 30 所示。

圖29

圖30

第三式　懶紮衣

【動作 1】接上式。將兩手向裡旋至手心相對。然後拇指領勁，兩手如同抱一圓球徐徐向身體前上方沿外弧線抬起，高約與肩平。兩眼視前方。如圖 31、圖 32 所示。

【動作 2】上述動作將停未停之際，兩手仍如同抱一圓球沿上一動作所沿外弧線返至小腹前，兩手心相對。兩眼視前方。如圖 33 所示。

【動作 3】接上式。左足向身體前方邁去，兩手如抱一球抬至心口前。左足後跟落地瞬間，兩手即從心口處向

身體前方徐徐伸去。伸至極處，兩肩鬆開，同時往回縮勁，兩股前節要有力。以上蹬頂伸縮皆是在虛靈頂勁的基礎上，用意不用拙力。右足在兩手前伸之時，同時跟步至

圖31（正面）　　圖31（側面）　　圖31（背面）

圖32（正面）　　圖32（側面）　　圖32（背面）

左足跟右後方二三寸以外處，足尖著地。左足在身體重心前移過程中，漸漸全足著地。兩眼向兩手當中的方向看去。如圖34、圖35所示。

圖33（正面）

圖33（側面）

圖33（背面）

圖34（正面）

圖34（側面）

圖34（背面）

圖35（正面）　　　　圖35（側面）　　　　圖35（背面）

【動作 4】接上一動作。外形似停，而內中之意不停。兩肩和兩腿裡根均用意儘量往回往裡縮勁。腹內要圓滿虛空，神氣收斂入骨，逆運至丹田。隨即兩手一同往右、往裡收至右肩前，右手心朝向左後上方，左手心朝向右前下方，與右手小魚際約略相齊。左足尖仰起，左足跟為軸，與身手同時向右邊旋轉。重心移至右腳過程中，右足也徐徐全足著地。兩眼望著右手看去。如圖 36 所示。

【動作 5】接上一動作。重心移至左足，身體略屈，右足往前（無極態式右方）邁去，足後跟著地，距離遠近以不牽動身體重心為限。同時，兩手一同往胸前回抽至下頦下方稍前，掌心向外，右手高，左手低，左手食指約與右手大魚際相齊。兩眼視前方。如圖 37 所示。

【動作 6】接上一動作。隨即兩手一同往前推去，兩

臂略屈，左手在右手左下後方略約二三寸以外處。同時，
身體重心前移至右足，右足全足著地，左足隨即跟步，足
尖著地，在右足跟左後方二三寸以外處。兩眼仍看前右

圖36（正面）　　　圖36（側面）　　　圖36（背面）

圖37（正面）　　　圖37（側面）　　　圖37（背面）

手。如圖 38 所示。

　　整個動作過程中，腹內要鬆靜虛空。此外，舌頂上
齶，提肛塌腰，足蹬頭頂；兩肩兩腿，裡根縮勁；都宜遵
從用意不用拙力的要領。總之，要遵從前人所述「腹內鬆
靜氣騰然，尾閭正中神貫頂，滿身輕利頂頭懸」等基本原
則，保持動作的「一氣流行」狀態。

圖38（正面）　　圖38（側面）　　圖38（背面）

第四式　左轉開手（詳解）

　　接上式。重心移向左足。同時，將右足尖仰起，以足
後跟為軸，向左邊轉至足正直。身子要隨著右足一同轉。
同時，兩手如同抱著氣球，內中氣體正處膨脹的狀態；兩
手大指在胸前約一二寸左右處，平著往左右分開，開至兩

手虎口與兩肩尖相對；兩手五指都呈張開狀態。重心再適時移至右足，將左足扭至正直。重心最終在兩足之間。兩眼視前下方，關注周身。如圖39、圖40所示。

圖39（正面）　　圖39（側面）　　圖39（背面）

圖40（正面）　　圖40（側面）　　圖40（背面）

動作過程中,用勁要和平,切忌忽起忽落、努氣拙力的狀態。

第五式　合手（詳解）

接上式。重心仍在兩足中間,同時兩手如同抱著氣球往回縮小之意,往一處合。合至兩手相距約與臉同寬,兩手大指相離寸許。兩手心空著,仍如同抱著圓球。兩腿要彎曲。兩眼朝兩手當中方向看去。如圖 41 所示。

動作過程中,身體動作宜輕靈,手足轉動開合要自然。周身不可有絲毫勉強用拙力之處。

第五式合手為詳解。以下拳中遇合手式皆為略解、略示。

圖41（正面）　　圖41（側面）　　圖41（背面）

第六式　單鞭（詳解）

【動作 1】接上式。重心移至右足。先將兩手腕往外轉。左足在兩手分開之時，同時往左邊（無極式左方）邁去，斜橫著落地。距離遠近以不牽動身體重心為限。兩眼視右前下方。如圖 42 所示。

【動作 2】接上一動作。重心左移，使左膝與左足跟幾乎成一垂線為止。同時，在心口前上方橫平著，如抬長竿，兩手往左右徐徐分開到極處。兩手心大略朝外，兩手掌直立，兩手指與口鼻大致相平，兩眼朝右手食指方向看去。如圖 43 所示。

圖42（正面）　　圖42（側面）　　圖42（背面）

圖43（正面）　　圖43（側面）　　圖43（背面）

　　動作過程中，兩腿要裡屈圓滿。身子仍要直，兩肩要鬆開，兩腿胯根也要鬆開縮勁，這樣腹部就能鬆開，整體達到收斂入骨、神舒體靜的狀態。腹部之氣不能驟然向下壓力，要以意運氣，徐徐下注於丹田。宜遵從道德經所說「綿綿若存」的說法。

第七式　提手上式（詳解）

　　接上式。重心全部移至左腳，腰要塌住勁。同時，左手手心朝外，沿上弧線，移至手背靠著頭部天庭穴部位處。右手沿下弧線，移至大指跟靠著丹田氣海處（即小腹）；右足同時往左腿處合併，兩腿似挨未挨，足尖落地，在左足尖右前方約二三寸以外處。兩眼視前下方。如

圖44所示。

定式時，兩腿彎曲似半月形，身體儘量保持豎直穩定。動作過程中，身形雖停，但內中神意不停。兩肩兩腿根節處都要鬆開；腹部保持空靜虛靈的狀態，不要用壓力往下沉氣，要用神貫注。

圖44（正面）　　　圖44（側面）　　　圖44（背面）

第八式　白鶴亮翅（詳解）

【動作1】接上式。左手從頭部往下落至心口下邊，肘靠著脅部，大指跟靠著腹部。右手從小腹處，直線上提，兩手相遇於心口處，左手在裡，右手在外，兩手心相對。隨後，左手略沉下一點，右手繼續上提，右手腕往外扭，扭至手心朝外，起至頭部，手背靠著天庭穴部位處。

同時，重心移至右足，左足跟微微欠起。兩眼視前方。如圖45所示。

圖45（正面）　　圖45（側面）　　圖45（背面）

【動作2】接上一動作。右手大指根順著右邊臉面，似挨未挨著，從頭部往下落，落時肘要直著往下墜。左手從心口下邊，同時靠著身子上起至心口與右手相齊。重心移至左腳，右足跟欠起。兩眼仍視前方。如圖46所示。

【動作3】接上一動作。兩手略略向前上方抬起。同時，右足往前邁步，足跟著地，身子直著，兩足距離以不牽動身體重心為準。兩眼仍視前方。如圖47所示。

【動作4】接上一動作。右腳漸至全部著地，重心移至右腳；左足後跟於右足尖落地時，同時往前跟步至與右足相齊。同時，兩手與身子一同徐徐往前推，推至兩胳膊似曲非曲，似直非直。兩眼看兩手當中。如圖48所示。

圖46（正面）　　　圖46（側面）　　　圖46（背面）

圖47（正面）　　　圖47（側面）　　　圖47（背面）

圖48（正面）　　圖48（側面）　　圖48（背面）

　　動作過程中，腰要塌住勁，兩肩兩腿根節處皆用意縮勁，切記不可顯縮；頭部領勁，也不要顯領。心中保持虛靜、空空洞洞和無所徵兆的狀態（有極之後的無極態，也應常回顧之）。總之，不著意思，自然穩住，方為神妙。

第九式　正面開手（詳解）

　　接上式。兩手向裡轉至手心相對。然後，如同抱著氣球，內中氣體正處膨脹的狀態。兩手大指在胸前約一二寸左右處，平著往左右分開，開至兩手虎口與兩肩尖相對，兩手五指都呈張開狀態。同時，重心移至兩足中間。兩眼視前方，關注周身。如圖49所示。

圖49（正面）　　　圖49（側面）　　　圖49（背面）

動作過程中，用勁要和平，不可努氣拙力。

第十式　合手

動作、意象與第五式合手相
同。如圖50所示。

第十一式　左摟膝拗步
（詳解）

【動作1】接上式。重心移至
左足。同時，身子微左轉；右足虛
接地，向左邊轉少許，停住。兩手

圖50

如同抱一球，膨脹並且在胸前順時針旋轉著。左手抬至下
頷前下方約一二寸處，右手下落至小腹正前約一二寸處。
眼視前方稍下。如圖51所示。

圖51（正面）　　圖51（側面）　　圖51（背面）

　　【動作2】右足逐漸落實，重心移至兩足之間，偏向
右足。左足跟微微欠起。同時，左手下落，右手上抬，同
至心口前方，兩手心相對，兩手指向前方。兩眼視前下
方。如圖52所示。

　　【動作3】左手從心口處，往下斜摟至左胯前，大指
和二指撐開如半月形。左足在左手摟時，同時往左邊斜著
邁去，足後跟著地。右手同時往右邊抬起至大指與右肩約
略相平，手心朝向左前下方。眼視左前方。如圖53所示。

　　【動作4】重心移至左足。同時，右手食指梢經右口
角外寸許處，往左邊（相對無極式而言）推去，推至胳膊

圖52（正面）　　　圖52（側面）　　　圖52（背面）

圖53（正面）　　　圖53（側面）　　　圖53（背面）

似直非直、似曲非曲，食指梢與口鼻相平。左手同時由胯
前沿平外弧線摟至胯旁，手心向下，大指離胯一二寸左

右，直指胯尖。右足同時向前邁步，跟至左足右後方約二三寸處落下，足尖著地。兩眼仍看前手食指。如圖54所示。

動作過程中，內中之意（綿綿若存）不斷。腹部在左手摟時，即速鬆開。上述動作要用神氣貫注，不要用拙力。

圖54（正面）　　圖54（側面）　　圖54（背面）

第十二式　手揮琵琶（詳解）

【動作1】重心在左足不變，左腿微屈；隨即將兩手五指俱伸直，左手內旋上抬至心口左側，掌心向右，掌指前方；右手內旋下落至心口前，掌心向左，掌指前方；右胳膊似直非直、似曲非曲著；兩手一後一前，左手心與右

肘正相對。同時，右足往後撤步，足尖著地，撤步遠近以
不牽動身體重心為限。兩眼視前方。如圖 55 所示。

圖55（正面）　　圖55（側面）　　圖55（背面）

圖56（正面）　　圖56（側面）　　圖56（背面）

【動作2】隨即將右手往回拉，拉至心口前停住；左手在右手往回拉時，同時往前伸去至極處。同時，重心移至右足；左足也同時往回撤，撤至右足前邊，左足後跟與右足相離寸許左右，足尖著地。兩眼視前方。如圖56所示。

動作過程中，身子往回撤時，內外要整體回撤，不可散亂。要神氣穩住，不偏不倚，腹內鬆靜，周身輕靈，如同懸在空中一般。

第十三式　進步搬攔捶（詳解）

【動作1】接上式。左足前邁，以不牽動身體重心為限，落地時稍外擺，斜著著地。雙手梢回拉，右肘與右脅似挨非挨著。兩眼視前方。如圖57所示。

圖57（正面）　　圖57（側面）　　圖57（背面）

【動作2】重心移至左足，右足略抬離地經左足旁朝前方邁去，斜著著地，以不牽動身體重心為限。同時，左手拉回至心口前，左肘與左脅似挨非挨著。右手向前方略上伸至極處。左手原地外旋至心口略下，掌心向上方；右手前伸內旋至掌心向下方。兩眼視前方。如圖58所示。

【動作3】重心移至右足，左足略抬離地經右足旁朝前方邁去，左足跟著地，以不牽動身體重心為限。同時，右手拉回至心口前，右肘與右脅似挨非挨著。左手向前方略上伸至極處。右手外旋至心口略下，掌心向上方。左手前伸內旋至掌心向下方。兩眼視前方。如圖59所示。

【動作4】重心移至左足。右足跟至左足跟後約一二寸左右處；左足後跟正對著右足內踝骨。同時，左手原地成拳，拳心向下。右手原地外旋成拳，拳眼向上，從右脅往左手腕上邊直著打出，拳與心口平。兩眼看右手食指中節。如圖60所示。

圖58（正面）

圖58（側面）

圖58（背面）

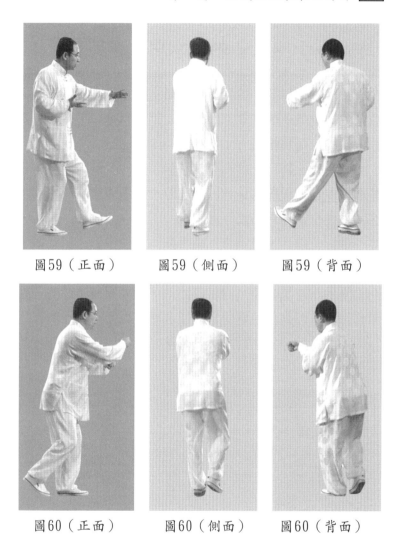

圖59（正面）　　　圖59（側面）　　　圖59（背面）

圖60（正面）　　　圖60（側面）　　　圖60（背面）

　　右拳往前打出時，兩肩不可往下硬垂勁。兩肩兩胯根節處和腹部仍是鬆開狀態。整個動作過程中，要精神貫注，身式中正，意氣和平，不可努氣拙力。

第十四式 如封似閉（詳解）

【動作1】接上式，兩手臂微沉，身體重心略下沉；右腳伸向後方，前腳掌著地停住；兩腳距離以不牽動身體重心為限。兩眼視前方。如圖61所示。

【動作2】接上式，重心移至右足。左足後撤，足尖著地，左足後跟離右足寸許。同時，兩手變掌，先將右手往回抽，左手在右胳膊下邊挨著，同時往前伸去。兩手一抽一伸，至兩手相齊為止。兩手腕均向外扭勁，扭至兩手心朝外。兩眼視前方。如圖62所示。

兩手在左足撤時，同時往回抽，兩大指相離寸許，抽至心口，輕輕靠住。兩腿要裡屈圓滿，似半月形。動作過程中，高矮要一致，切忌忽起忽落。身體要整體回撤才能平穩。

圖61（正面）　　圖61（側面）　　圖61（背面）

圖62（正面）　　圖62（側面）　　圖62（背面）

第十五式　抱虎推山（詳解）

接上式，兩手心朝外一齊往前推去。同時，左足極力向前邁步，著地距離以不牽動身體重心為限。左足一落地，重心即速前移至左足。右足隨後跟步，離左足後跟一二寸左右。兩手繼續前推，至與心口平齊。兩胳膊呈似曲非曲，似直非直狀態。兩眼朝兩手當中看去。如圖63所示。

動作過程中，身子高矮仍與第十四式（如封似閉式）一致。不要散亂，腰要塌住勁，又要鬆開勁。周身內外的氣和勁，仍宜鬆沉。外形雖然微停，但內中之意不停。

圖63（正面）　　　圖63（側面）　　　圖63（背面）

第十六式　右轉開手（詳解）

　　接上式。重心移向右足。同時，將左足尖仰起，以足後跟為軸，向右邊扭轉，扭至足正直。身子要隨著左足一起轉，不可忽起忽落和間斷。同時，兩手如同抱著氣球，內中氣體正處膨脹的狀態。

　　兩手大指在胸前約一二寸處，平著往左右分開，開至兩手虎口與兩肩尖相對。兩手五指都呈張開狀態。重心再適時移至左足，將右足扭至正直。重心最終在兩足之間。兩眼視前下方，關注周身。如圖64所示。

圖64（正面）　　圖64（側面）　　圖64（背面）

第十七式　合　手

動作、意象與第五式合手相
同。如圖65所示。

第十八式　右摟膝拗步
（詳解）

【動作 1】接上式，重心移至
右足。同時，身體微右轉。左足虛
著地，向右邊扭少許，停住。兩手
如同抱一球，膨脹並且在胸前逆時
針旋轉著。右手抬至下頜前下方約

圖65（正面）

一二寸處，左手下落至小腹正前一二寸處。眼視前方稍下。如圖66所示。

圖66（正面）　　　圖66（側面）　　　圖66（背面）

【動作2】左足逐漸落實，重心移至兩足之間，偏向左足；右足跟微微欠起。同時，右手下落，左手上抬，同至心口前方，兩手心相對，兩手指向前方。兩眼視前下方。如圖67所示。

【動作3】右手從心口處，往下斜摟至右胯前，大指和二指撐開如半月形。右足在右手摟時，同時往右邊斜著邁去，足後跟著地；左手同時往左邊抬起至大指與左肩約略相平。眼視右前方。如圖68所示。

【動作4】右足漸至全足著地落實，重心移至右足，身子仍直著。同時即速將左手食指梢從右口角外寸許處，往右邊（相對無極式而言）推去，推至胳膊似直非直、似

曲非曲，食指梢與口相平。右手同時由胯前沿平外弧線摟
至胯旁，大指離胯一二寸左右，直指胯尖。左足同時向前
邁步，跟至右足左後約二三寸處落下，足尖著地。兩眼仍
看前手食指梢。如圖69所示。

圖67（正面）　　圖67（側面）　　圖67（背面）

圖68（正面）　　圖68（側面）　　圖68（背面）

圖69（正面）　　　圖69（側面）　　　圖69（背面）

動作過程中的心意要領與第十一式相同，惟左右相反。

第十九式　手揮琵琶（詳解）

【動作1】重心在右足不變，左腿微屈；隨即將兩手五指具伸直，右手內旋上抬至心口右側，掌心向左，掌指前方；左手內旋下落至心口前，掌心向右，掌指前方；左胳膊似直非直、似曲非曲著；兩手一後一前，右手心與左肘正相對。同時，左足往後撤步，足尖著地，撤步遠近以不牽動身體重心為限。兩眼視前方。如圖70所示。

【動作2】隨即將左手往回拉，拉至心口前停住；右手在左手往回拉時，同時往前伸去至極處。同時，左足逐漸全部落實著地，重心移至左足；右足也同時往回撤，撤

至左足前邊，足後跟與右足相離寸許，足尖著地。兩眼視前方。如圖 71 所示。

　　動作過程中的心意要領與第十二式相同，惟左右相反。

圖70（正面）　　　　圖70（側面）　　　　圖70（背面）

圖71（正面）　　　　圖71（側面）　　　　圖71（背面）

第二十式　懶紮衣

【動作1】接上式，重心在左足。身體略屈，右足往前邁去，足後跟著地，距離遠近以不牽動身體重心為限。同時，兩手一起往胸前回抽至下頜下方稍前，掌心向外，右手高，左手低，左手食指約與右手拇指相齊。兩眼視前方。如圖72所示。

【動作2】隨即兩手一起往前推去，兩臂略屈，左手心在右手裡腕左下略後方約二三寸處。同時，身體重心前移至右足，左足同時跟步，足尖著地，在右足跟左後方約二三寸處。。兩眼仍看前右手。如圖73所示。

此式與第三式懶紮衣動作5、6相同。

圖72（正面）

圖73（正面）

第二十一式　開　手

動作、意象與第四式開手相同。如圖74所示。

第二十二式　合　手

動作、意象與第五式合手相同。如圖75所示。

第二十三式　單　鞭

動作、意象與第六式單鞭相同。如圖76所示。

整個身體動作，兩手兩足起落，腹內的一切勁性心意都與第三式懶紮衣要求相同。

圖74（正面）　　圖75（正面）　　圖76（正面）

第二十四式 肘下看捶（詳解）

【動作 1】接上式，左手仍用掌，內旋變至豎掌極力用意往前（無極式的左方）伸。腹內用神氣貫注，身軀不可有一絲俯仰之形。隨即右手成拳外旋，拳眼向下。身體略左扭，重心移向左足，右足以腳跟為軸，向左略轉少許。兩眼回看右拳。如圖 77 所示。

【動作 2】右拳往回往下拉至右胯旁上方二三寸開外處，重心移至右足，身軀左轉至面向無極式左方，左足以前腳掌為軸略作調整，左腳跟虛虛離地少許。兩眼看左手食指。如圖 78 所示。

【動作 3】左足漸至全足著實落地，重心移至左足。右胳膊屈回，靠著脅，拳從臍處往前左肘伸去。右足在右

圖77（正面）　　圖77（側面）　　圖77（背面）

手伸時，同時往前跟步至左足右後二三寸以外落下，足尖
落地。兩手同時往前伸。兩肩與兩胯根節用意往回縮。伸
縮總要一致。兩眼視前方。如圖 79 所示。

圖78（正面）　　　圖78（側面）　　　圖78（背面）

圖79（正面）　　　圖79（側面）　　　圖79（背面）

【動作4】前一動作似停未停之時，即將右足往回撤，足尖著地漸至全足落實，重心移至右足；左足隨即也往回撤至右足前邊落下。兩手仍伸著，位向關係不變。兩足往後撤時，身形、各處勁性、虛靈情形、兩足相離遠近均與第十二式手揮琵琶相同。如圖80所示。

圖80（正面）　　圖80（側面）　　圖80（背面）

第二十五式　倒輦猴（詳解）

第一段：左式

【動作1】接上式，將左手外旋至胸前二三寸以外處，手心朝向右前下方。同時，右手成掌落至右胯前二三寸開外處，手心朝向左前上方。左足跟略外撇調整，逐漸全足落地，重心至左足。隨即右足跟至左足旁，與左足約略平齊。兩眼視前下方。如圖81所示。

圖81（正面）　　　圖81（側面）　　　圖81（背面）

【動作2】接上一動作。重心至右足。左手斜著往左邊摟至左胯前約二三寸處，大指、二指撐開如半月形，手心朝向左前下方。同時，左足往左前方邁步，足後跟著地。再將右手往上抬起與右肩大略相平，手心朝向左前下方。兩眼看前下方。如圖82所示。

【動作3】上動不停，重心至左足。右手五指張開，食指梢經右口角寸許處往前推去。兩手的曲直形態皆與第十一式左式摟膝拗步相同。同時，右足跟至左足跟右後方約二三寸處落下，足尖著地。兩眼視前手食指。如圖83所示。

第二段：右式

【動作4】接上式，重心移至右足，將左腳尖欠起，以足後跟為軸，往裡扭轉，大略與右足成倒八字步。同

時，右手拉往胸前約二三寸處，手心朝向左前下方。左手
裡旋至左胯前約二三寸處，手心朝向右前上方。兩眼視前
下方。如圖 84 所示。

圖82（正面）　　　圖82（側面）　　　圖82（背面）

圖83（正面）　　　圖83（側面）　　　圖83（背面）

圖84（正面）　　　圖84（側面）　　　圖84（背面）

【動作5】重心至左足。右手斜著往右邊摟至右胯前約二三寸處，大指、二指撐開如半月形，手心朝向右前下方。同時，右足往右前方邁步，足後跟著地。再將左手往上抬起與左肩大略相平，手心朝向右前下方。兩眼視前下方。如圖85所示。

【動作6】上動不停。重心至右足。左手五指張開，食指梢經左口角寸許處往前推去。兩手的曲直形態皆與第十八式右式摟膝拗步相同。同時，左足跟至右足跟左後方約二三寸處落下，足尖著地。兩眼視前手食指。如圖86所示。

做完右式後，可繼續做左式。重複次數不拘，但要成偶數。最後，定式時如圖86所示。

孫祿堂先生在此式解說中寫道：此式自兩手兩足，動

作始終要一氣串成。內中並無間斷,如同圓球滾一周圈,沒有停滯之意。內中之氣,自胸至丹田,在坐功坐至靜極時,腹內如空洞相似。周身之神氣,全注于丹田沉住,故

圖85(正面)

圖85(側面)

圖85(背面)

圖86(正面)

圖86(側面)

圖86(背面)

內家拳實與丹學相表裡。內中之氣，誠有確據，並非空談；實地練習，功久自知。

上述話中，所謂一氣串成就是一動無有不動，一靜無有不靜的意思。

第二十六式　手揮琵琶（圖片詳解）

動作、意象與第十九式右式手揮琵琶相同，僅行拳位向相互垂直。如圖87所示。

圖87（正面）　　　圖87（側面）　　　圖87（背面）

第二十七式　白鶴亮翅（部分詳解）

【動作1（詳解）】接上式，左手回拉至心口前，兩

手心相對；如同抱一球，旋轉著，在心口前，旋至左手在
裡，右手在外，兩手心相對。隨後，左手略沉下一點，右
手繼續上提，右手腕往外扭，扭至手心朝外，起至頭部，
手背靠著天庭穴部位處。同時，重心移至右足。左足跟微
欠起。兩眼視前方。如圖88、圖89所示。

圖88（正面）　　圖88（側面）　　圖88（背面）

圖89（正面）　　圖89（側面）　　圖89（背面）

以下動作與第八式白鶴亮翅動作 2、3、4 相同。如圖 90、圖 91 所示。

圖90（正面）　　　　　圖91（正面）

第二十八式　開　手

動作、意象與第九式開手相同。如圖 92 所示。

第二十九式　合　手

動作、意象與第五式合手相同。如圖 93 所示。

第三十式　左摟膝拗步

動作、意象與第十一式左式摟膝拗步相同。如圖 94 所示。

圖92（正面）

圖93（正面）

圖94（背面）

第三十一式　手揮琵琶

動作、意象與第十二式左式手揮琵琶相同。如圖95所示。

第三十二式　三通背
（詳解）

第一段：

【動作1】接上式，先將右手外旋往右後下方向劃一弧線至右胯側，同時左手掌緣略往前下方向推壓。此時，身體略下蹲，重心仍在

圖95（正面）

右足。兩眼視前手。如圖 96 所示。

　　【動作 2】左手後拉，右手內旋與左手並列相會於心口前，兩手心相對。同時，重心移至兩腳之間。兩眼視前方。如圖 97 所示。

圖96（正面）　　圖96（側面）　　圖96（背面）

圖97（正面）　　圖97（側面）　　圖97（背面）

【動作3】重心移至右腳。同時，右手外旋上舉至頭頂正上方偏前。左手同時下按至左胯前側旁一二寸左右，拇指約指向左胯的前側部。兩眼正視前方。如圖98所示。

【動作4】接上一動作。右手往下按。同時，左手上抬。在兩手相會於小腹前時，同時內旋至兩手心斜相對，兩手指向地面，繼續下行至近地面處停住。左足同時往回撤，撤至左足後跟與右足後跟呈似挨未挨的狀態。兩腿微微彎曲著，兩胯根用意縮住勁。兩眼視前下方向。身體雖有曲折的形式，但腹內總要含有虛空鬆開之意。如圖99所示。

第二段：

【動作5】身體直豎起。兩手同時上提至心口前，兩手心斜相對，指向身體前下方向。重心仍在右足。兩眼視前下方向。如圖100所示。

圖98（正面）　　圖98（側面）　　圖98（背面）

圖99（正面）　　　　圖99（側面）　　　　圖99（背面）

圖100（正面）　　　圖100（側面）　　　圖100（背面）

【動作6】再將右手往上抬起，起至手背靠著頭正額處。又將左手虎口朝上，同時從心口前往前伸直，左手食

指尖與口鼻（或肩）相平，左手心朝向前下方向。左足同時極力往前邁去，重心略前移。兩眼朝左手食指方向看去。如圖101所示。

動作過程中，應將神氣沉住，分清內外開合、虛實動靜，不可有一絲混淆，切忌造成內中神氣散亂不整。

第三段：

【動作7】再將身體整體右轉至臉朝向右邊（無極式右邊）。重心偏向左足，右足儘量往前（即無極式右邊）邁去。同時，左手移至手背靠著頭正額處。右手儘量往前往下斜著落去伸直，掌心朝前下方向，食指尖與口鼻（或肩）相平，虎口仍朝上著。兩眼順著右手食指梢看去。如圖102所示。

第四段：

【動作8】左手內旋，從頭正額處往前往下落去，虎

圖101（正面）　　圖101（側面）　　圖101（背面）

口仍朝上著，與左肩相平直。右手同時內旋，變至兩手心斜相對著。兩眼看兩手當中。兩足仍未離地。重心移向右足。左足以前腳掌為軸，足跟略外撇欠起。如圖103所示。

圖102（正面）　　圖102（側面）　　圖102（背面）

圖103（正面）　　圖103（側面）　　圖103（背面）

動作過程中，兩手之勁往前伸，兩肩虛空著往回縮。腰中之勁，微有往下塌之意，此意宜取虛空之意。總之，周身內外之勁如前，應做到神氣收斂，氣往下沉。

第五段：

【動作9】再將左足先往後微微撤步。兩胯、兩肩裡根極力往回縮住。重心移至左足。再將右足極力往後撤步，撤至左足後邊，斜著落下，呈半八字形式。兩足遠近仍以不牽動左足處重心為限。兩手手心斜相對著，拉回至胸前，漸變成拳。兩眼視前。如圖104所示。

【動作10】兩手從前如揪虎尾之意，徐徐落在小腹處。右足漸實，重心移至右足。左足在兩手往回揪落時，同時也往回撤步，撤至左足後跟在右足前二三寸左右落下，足前掌著地。身體在兩手往回揪時，也徐徐往上起，頭要往上頂。身體雖然起直，但兩腿總要有點彎曲。兩眼

圖104（正面）　　圖104（側面）　　圖104（背面）

視前方。如圖 105 所示。

　　動作過程中，腹內之氣，仍要縮回丹田。腰仍要往下塌住勁。一切伸縮、頂、塌、揪，皆是用意不用拙力。

圖105（正面）　　圖105（側面）　　圖105（背面）

第六段：

　　【動作 11】再將兩手同時靠著身體往上起，起至心口上邊，再往上又往前伸去，到極處勿停。左足也在兩手往前伸時，同時往前邁步，足尖往外斜著落下，呈半八字形式。身體不動，兩足遠近以不牽動右足處身體重心為限。兩眼順著兩手當中望去。如圖 106 所示。

　　【動作 12】兩手又往下落，仍到小腹處。重心移至左足，右足在兩手往下落時，同時往前邁去，邁至左足前邊，直著落下，足尖著地。兩足距離遠近以身體不落不起、不俯不仰、不移動重心為限。兩眼視前偏下方。如圖

107 所示。

圖106（正面）　　　圖106（側面）　　　圖106（背面）

圖107（正面）　　　圖107（側面）　　　圖107（背面）

第七段：

【動作 13】兩手仍靠著身體往上起，漸變掌起至心口上邊，掌心向前下。身體略下沉，兩眼視前方。如圖 108 所示。

圖108（正面）　　圖108（側面）　　圖108（背面）

【動作 14】同第三式懶紮衣動作 5。如圖 109 所示。

【動作 15】同第三式懶紮衣動作 6。如圖 110 所示。

第三十二式三通背式，孫祿堂先生將其分為五段動作進行描述，孫劍雲先生將其分為六段八個動作進行描述。本文將其進一步細分為七段十五個動作進行表述。

第三十三式　開　手

動作、意象與第四式開手相同。如圖 111 所示。

圖109（正面）　　　　圖110（正面）　　　　圖111（正面）

第三十四式　合　手

動作、意象與第五式合手相同。如圖112所示。

第三十五式　單　鞭

動作、意象與第六式、第二十三式單鞭相同。如圖113所示，採用正面和側面相結合的方式進行演示。

圖112（正面）

圖113（正面）　　　　圖113（背面）

第三十六式　雲手（詳解）

【動作1】接上式，右手梢回，撐住，掌心向前右方。同時，左手從左邊，胳膊靠著身子，往右邊劃弧線，劃至右腋下，掌心向右前下方，呈似停未停的狀態。兩手動作的同時，重心移至右足，左足往右邊邁去，在右足左側二三寸左右處落地，足尖仍往左邊斜著點。兩眼看右手食指。如圖114所示。

【動作2】兩手撐住。左足往左邊（太極式左邊）邁出，距離以不牽動右足處身體重心為限。兩眼視右下方。如圖115所示。

【動作3】右手從右邊，胳膊靠著身子，往左邊劃一

弧線，劃至左腋下，呈似停未停的狀態。同時，左手再從
右腋下，往左邊劃一上弧線，從眼前邊劃至左手（本式動
作1）原起處，呈似停未停的狀態。兩手動作的同時，右

圖114（正面）　　圖114（側面）　　圖114（背面）

圖115（正面）　　圖115（側面）　　圖115（背面）

足足尖仍往左邊微斜著點邁去，在左足右側二三寸左右處落下，足尖仍往左邊斜著點。兩眼看左下方。如圖116所示。

【動作4】兩足位置不動，惟重心移至右足。同時，將左手從左邊，胳膊靠著身子，往右邊劃一下弧線，劃至右腋下，呈似停未停的狀態。與此同時，右手再從左腋下，往右邊劃一上弧線，從眼前邊劃至右手（本式動作1）原起處，呈似停未停的狀態。兩眼看右手食指方向。如圖117所示。

上述動作1到4是雲手式的一個循環。兩手的形式如同兩個套環圈，循環不已，數之多寡自便。

動作過程中，腰要用意塌勁，身體微往下坐。腹內依然鬆空，動作保持虛靈，神氣注於丹田。

圖116（正面）　　圖116（側面）　　圖116（背面）

圖117（正面）　　　圖117（側面）　　　圖117（背面）

第三十七式　高探馬（詳解）

【動作1】接雲手式。兩手從左邊往右邊運行時，左手到心口處，胳膊靠著身子。右手仍到原起處。同時，重心移至右足，左足落至右足左後方，與右足成一丁字形式，兩足距離以不牽動右足處身體重心為限。兩眼視前下方。如圖118所示。

【動作2】右手劃下弧線從上邊往下落至右胯前，手心朝左，中手指指向前下方。同時，左手沿下弧線，劃至小腹左前，手心由朝右前下方轉向朝右。然後，兩手即速往前上抬起，與心口約略相平，胳膊似曲非曲，似直非直，兩手心斜相對。與此同時，重心移至左足，右足往前

邊邁去少許落下，兩足仍成丁字形式，距離以不牽動左足
處身體重心為限。兩眼視前下方。如圖119所示。

圖118（正面）　　　圖118（側面）　　　圖118（背面）

圖119（正面）　　　　　　圖119（側面）

【動作3】將兩手往外撐，撐至兩手形式先開於兩肩前。同時，重心移至左足，右足朝左前方略移。兩眼視左前方。如圖120所示。

【動作4】重心移至右足，左足至右足左後方約二三寸處。同時，兩手合於胸前。兩眼朝兩手中間方向看去。如圖121所示。

圖120（正面）

圖120（側面）

圖121（正面）

圖121（側面）

圖121（背面）

第三十八式　右起腳（詳解）

【動作1】接上式，將兩手如單鞭式分開。右足在兩手分開時，同時踢起，起至與右手相交。兩眼望著右手。腰微往下踏，腹內鬆開，氣同時要往下沉。如圖122所示。

【動作2】接上一動作。即速將右足落回原處，重心移至右足。兩手同時往一處合，形式與第五式合手相同（右合手）。左足跟隨即抬起，足尖著地。眼往左邊看去。如圖123所示。

第三十九式　左起腳（詳解）

【動作1】接上式，將兩手如上式分開，左足踢起也

圖122（正面）　　圖122（側面）　　圖122（背面）

與上式右足踢起相同，手足相交也相同。兩眼往左手方向
看去。如圖 124 所示。

圖123（正面）　　圖123（側面）　　圖123（背面）

圖124（正面）　　圖124（側面）　　圖124（背面）

【動作 2】將左足落回原處，足尖仍著地，兩手也同上式一樣往一處合住。兩眼往左前方看去。如圖 125 所示。

圖125（正面）　　圖125（側面）　　圖125（背面）

第四十式　轉身蹬腳（詳解）

【動作 1】接上式，右足和身體微向左轉，重心在右足。隨即兩手分開至肩寬，兩掌心向前偏下方。同時左腿抬起，大腿與地面相平，兩眼視左前方。如圖 126 所示。

【動作 2】接上一動作，左足尖回勾向左前方蹬出。兩手繼續如單鞭式分開。兩眼往左手方向看去。如圖 127 所示。

圖126（正面）　　圖126（側面）　　圖126（背面）

圖127（正面）　　圖127（側面）　　圖127（背面）

第四十一式　踐步打捶（詳解）

【動作1】接上式，將左足極力往左前方落地，落地時足尖往外斜著，兩足相離遠近以不牽動右足處身體重心為限。同時，身體略左轉，兩手由掌變鬆握成拳，右拳略向右前上方伸出，左拳向左前下方略壓。兩眼視左前方。如圖128所示。

【動作2】接上一動作不停，左足剛一落地，左手即往下邊左胯處摟回停住。同時再將重心移至左足，右足往左前方邁出，落地之時，足尖往外斜著，兩足遠近以不牽動左足處身體重心為限。右手同時從後邊往右耳處不停，再從右臉前邊往前下摟去，至右胯前上方（約右胸前）停住。兩眼視前方略下。如圖129所示。

圖128（正面）　　圖128（側面）　　圖128（背面）

【動作3】接上一動作不停，重心移至右足，左足再往前邁去落地，足尖直著，兩足遠近，仍隨人高矮，以不牽動右足處身體重心為限度。左手在左足邁時，同時握拳，從左胯處往上起，起至臉前，再往下摟至左胯處，如前停住。右手握拳，同時從右胯前上處，往後如劃圓弧線，至右耳右前方略上。兩眼視前方。如圖130所示。

圖129（正面）

圖129（側面）

圖129（背面）

圖130（正面）

圖130（側面）

圖130（背面）

【動作4】接上一動作不停，重心移至兩足間，偏向左足。左手往左胯前稍拉略做調整。同時，右手從耳旁，再往前、往下，從兩腿中間打下去，至左膝下面停住。兩眼看右手。右手往下打時，身子隨著往下彎曲，腰總要用意極力塌住勁，腹內也要用意極力鬆開。如圖131所示。

動作過程中，摟手、邁足、落足均要協調一致。

圖131（正面）　　　圖131（側面）　　　圖131（背面）

第四十二式　翻身右起腳（詳解）

【動作1】接上式，先將左足往裡扭，扭成半八字形，重心在兩足之間，偏向右足。右手同時從前邊往後邊劃上弧線，從頭頂前邊過去，至身體右前方處，拳心朝向左後上方。同時身體也隨著往右邊扭轉。左手外扭微下沉至左胯側少許，拳心朝右前上方。眼向右拳方向看去。如圖132所示。

【動作2】接上一動作，身體繼續往右邊扭轉少許，重心移向左足。右足同時微往前邁步落地，足尖朝外斜著，也如半八字形。右手內旋略往身前回拉，拳心向左後上方。其他手足動作微作調整，基本不變。眼仍向右拳方向看去。如圖133所示。

圖132（正面）　　圖132（側面）　　圖132（背面）

圖133（正面）　　圖133（側面）　　圖133（背面）

【動作3】接上一動作，重心移至右足。右拳再從前邊一邊外扭，一邊往下落至右胯側，拳眼向上。左手變掌從左胯處一邊外扭，一邊往前上方起至左胸前。同時，左足極力往前邁至右足前邊落下，足尖朝外斜著，仍如半八字形（或錯綜八字形），距離以不牽動右足處身體重心為限度。眼朝左手方向看去。如圖134所示。

圖134（正面）　　圖134（側面）　　圖134（背面）

【動作4】接上一動作，重心移向左足。左手從左胸前往心口前下方摟下去，至左胯處停住。同時，右拳自右胯處往上來，手腕往外扭著，至右耳側，手心朝外。眼看前方。如圖135所示。

【動作5】接上一動作，右足再從後邊提起，往前踢去。右手在右足往前踢時，同時從口角處變掌往前出去，望著右腳面拍去（最好手足相交，手足高矮與心口相

平）。同時，左手撐勁，移至左胯側上方，拇指正對胯尖偏上。眼看右手方向。如圖 136 所示。

圖135（正面）　　圖135（側面）　　圖135（背面）

圖136（正面）　　　　圖136（側面）

【動作6】接上一動作，將右足撤回，撤至左足後邊來，足尖著地，距離以不牽動左足處身體重心為限。右手回拉至胸前，手心朝裡。左手同時往前上伸出，兩手心都朝裡，如在胸前抱一球。腰微往下塌勁。眼看前方。如圖137所示。

　　動作過程中，自扭足開始，翻身，摟手，踢足，到塌腰，應一氣呵成，不可間斷。

圖137（正面）　　　　　　圖137（側面）

第四十三式　披身伏虎（詳解）

【動作1】接上式，重心移至右足。同時，左足極力撤回，至右足後邊偏左，落地仍是半八字形，距離以不牽動右足身體重心為限。兩手成拳，隨身體略右轉，兩肘微微外撐而略做調整。兩眼視前方。如圖138所示。

【動作 2】接上一動作，重心移至左足。同時兩拳隨身體微左轉往左下拉至左胯前。同時，兩眼視左前下方。如圖 139 所示。

圖138（正面）　　圖138（側面）　　圖138（背面）

圖139（正面）　　圖139（側面）　　圖139（背面）

【動作3】接上一動作，重心移至右足。身體右轉，徐徐上起。頭微微上頂。同時，兩拳外扭，沿著身體（勿挨，離開少許）上起至胸前，然後自胸前下落，落至小腹前。

動作過程中，右足尖先微離地，以右足跟為軸，略向外轉，然後再落實。同時，左足跟步，落至右足左後約二三寸處（或根據拳速落至適當處）。兩眼由視左前下方轉向視前右方。如圖140所示。

圖140（正面）　　　　圖140（側面）

【動作4】接上一動作，重心移至左足。同時，兩手張開，手心相對，沿身體（勿挨，離開少許）上抬，抬至心口上方少許。與此同時，右足抬起，足尖朝外斜著落下，仍如半八字形式。兩眼視前方偏下。如圖141所示。

圖141（正面）　　　圖141（側面）　　　圖141（背面）

第四十四式　左踢腳（詳解）

【動作1】接上式，重心移至右足。腰用意微塌，身體仍直著。兩手塌腕撐掌，手梢往上仰起，形式如同開合手（注意用意沉肩墜肘）。然後將兩手如單鞭式分開。左足在兩手分時同時往正面踢去。手足相交形式與第三十九式左起腳的形式相同。兩眼視左前方。如圖142所示。

第四十五式　右蹬腳（詳解）

【動作1】接上式，身體向右轉，左足落在右足左後方二三寸處，重心移至左足。兩手在身體向右轉時，同時往一處合併，形式與合手式相同。右足也在身子向後轉時，同時足後跟欠起，足尖著地，隨身體轉過來。兩眼視

圖142（正面）　　　圖142（側面）　　　圖142（背面）

圖143（正面）　　　圖143（側面）　　　圖143（背面）

右前。如圖143所示。

【動作2】接上一動作，重心仍在左足。右足尖回勾向右前方蹬出。兩手繼續如單鞭式分開。兩眼望右前方。

圖144（正面）　　　圖144（側面）　　　圖144（背面）

如圖 144 所示。

　　腹內神氣等相關要求與第四十一式轉身左蹬腳相同，僅左右相反。

第四十六式　上步搬攔捶

　　接上式，右足隨即落地，重心移向右足。同時，左手沿上外弧線往前下摟，摟至心口前方極處，掌心向右偏下。同時，右手也外旋挽回至掌心向左，在心口近前處略下，右肘與右脅似挨非挨著，準備往前打去。兩眼朝前方偏下看去。如圖 145 所示。

　　左足再向前邁步，重心移至左足。其餘同第十三式進步搬攔捶中的動作 4。如圖 146 所示。

圖145（正面）　　　　　　　圖146（正面）

第四十七式　如封似閉

動作、意象與第十四式如封似閉相同。如圖147所示。

第四十八式　抱虎推山

動作、意象與第十五式抱虎推山相同。如圖148所示。

第四十九式　開　手

動作、意象與第十六式右轉開手相同。如圖149所示。

圖147（正面）

圖148（正面）

圖149（正面）

圖150（正面）

第五十式　合　手

動作、意象與第五式合手相同。如圖150所示。

圖151（正面）　　圖152（正面）　　圖153（正面）

第五十一式　摟膝拗步

動作、意象與第十八式摟膝拗步相同。如圖151所示。

第五十二式　手揮琵琶

動作、意象與第十九式手揮琵琶相同。如圖152所示。

第五十三式　懶紮衣

動作、意象與第二十式懶紮衣相同。如圖153所示。

第五十四式　開　手

動作、意象與第四式左轉開手相同。如圖 154 所示。

第五十五式　合　手

動作、意象與第五式合手相同。如圖 155 所示。

第五十六式　斜單鞭（部分詳解）

接上式，右足適當調整，左足往左前方邁去，其餘與第六式單鞭相同。如圖 156、圖 157 所示。

圖154（正面）　　　　　圖155（正面）

圖156（正面）　　圖156（側面）　　圖156（背面）

圖157（正面）　　圖157（側面）　　圖157（背面）

第五十七式　野馬分鬃（詳解）

【動作1】接上式，重心移至右足。同時，左足極力

往後邊撤，落地足尖往外斜著。左手在左足往後撤時，同時往下落至小腹處。右手略調整，撐住不動。兩眼視右手。如圖158所示。

【動作2】接上一動作，重心移至左足。同時，左手在小腹處撐住不動，右手往下落至小腹處。右足退至左足右前方四五寸左右處。兩眼視前方。如圖159所示。

圖158（正面）　　圖158（側面）　　圖158（背面）

圖159（正面）　　圖159（側面）　　圖159（背面）

【動作 3】接上一動作，將右足沿裡弧線往右前方邁去，重心移向右足。右手從小腹處，往上起至心口左邊，再起至眼的右前下方。左手在小腹處塌腕撐住。兩眼視右前方。如圖 160 所示。

圖160（正面）　　圖160（側面）　　圖160（背面）

【動作 4】接上一動作，左足沿裡弧線極力往左前方邁去，重心移向左足。左手從小腹處，往上起至心口右邊，再起至眼的左前下方。同時，右手從眼前邊落下來回至小腹處。兩眼視左前方。如圖 161 所示。

【動作 5】與動作 4 程式相同，惟左右相反。如圖 162 所示。

【動作 6】接上一動作，左右手俱移至小腹前。同時，腰微塌，右足回退至左足前，足尖著地，足跟欠起。眼視前方。如圖 163 所示。

圖161（正面）　　　圖161（側面）　　　圖161（背面）

圖162（正面）　　　圖162（側面）　　圖162（背面）

圖163（正面）　　　圖163（側面）　　　圖163（背面）

第五十八式　懶紮衣

　　動作、意象與第二十式懶紮衣相同。如圖164、圖165所示。

圖164（正面）　　　　　　圖165（正面）

第五十九式　開　手

動作、意象與第四式左轉開手相同。如圖166所示。

第六十式　合　手

動作、意象與第五式合手相同。如圖167所示。

圖166（正面）

第六十一式　單　鞭

動作、意象與第六式單鞭相同。如圖168所示。

圖167（側面）

圖168（背面）

第六十二式　右通背掌（詳解）

接上式，身體右轉，重心移至左足。左足同時往裡扣，與右足成半八字形式。左手從左邊往上劃一上弧線至頭的左前上方，手背位於額頭偏左處。左臂肘部在身體右轉時，同時略往裡合。右足也往外扭，同時回拉；足尖略往裡扣，足尖點地。右肩略沉，右手極力虛空著往前伸勁。兩眼順著右手食指看去。如圖169所示。

圖169（正面）　　圖169（側面）　　圖169（背面）

第六十三式　玉女穿梭（詳解）

第一段：

【動作1】接上式，右足略調整，重心移至右足。左

足往身體左前方邁去。右手往回抽至心口處。同時左手手
腕往裡擰著下落至右手梢附近，手心朝裡。兩腿略彎。兩
眼視左前方偏下。如圖 170 所示。

圖170（正面）　　圖170（側面）　　圖170（背面）

圖171（正面）　　圖171（側面）　　圖171（背面）

【動作2】接上一動作，重心移向左足，隨後右足略跟步。左手腕往外擰著，往上翻起至額頭正前方，手心朝外。同時右手從心口處，略往前推去，不必太遠。兩眼視前方（大致朝向為第一式無極態的右前方）。如圖171所示。

第二段：

【動作3】接上段，右足向左足正後方調整位置。如圖172所示。

【動作4】接上一動作，重心移至右足。左足往裡扭扣。左手同時往下落至裡手腕到心口處。右手同時手腕往裡擰，又往上起，起至左手梢上邊，手心朝裡。兩眼平視前方。如圖173所示。

圖172（背面）

圖173（正面）　　圖173（側面）　　圖173（背面）

【動作5】接上一動作，重心移至左足。兩臂原位略做裏裹調整，與身體一起繼續向右轉。右足同時往右前斜角邁去。兩眼視前方。如圖174所示。

圖174（正面）　　圖174（側面）　　圖174（背面）

圖175（正面）　　圖175（側面）　　圖175（背面）

【動作6】接上一動作，重心移至右足。右手腕同時往外撐著向上翻起，手背靠著頭正額處。左足隨後略跟步。左手同時從心口處略往前（不可太遠）推出去，左胳膊仍靠著身體。兩眼視前（大致朝向為第一式無極態的左前方）。如圖175所示。

第三段：

【動作7】接上段，左右足進行適當調整，隨即重心移向右足，同時左足邁至右足左前方，以不牽動身體重心為限。右手同時往下落至心口處；左手同時往裡撐，又往上起，起至右手梢附近，手心朝裡，兩肘也緊靠著脅。左右手形式與本式動作1大體相同。如圖176所示。

【動作8】與本式動作2相同。惟方位不同。如圖177所示。動作最後朝向為第一式無極態的左後方。

圖176（正面）

圖176（正面）

圖177（正面）　　圖177（側面）　　圖177（背面）

第四段：

【動作9】接上段，重心移至右足。身體向右轉，左足往裡扭扣。左手同時往下落到心口處，手心向下。右手同時往外翻至身體前上方，手心朝左後上方。兩眼平視前方。如圖178所示。

圖178（正面）　　圖178（側面）　　圖178（背面）

【動作 10】接上一動作，重心移至左足。右足直接
邁向第一式無極態的正右方。左右手形式與本式動作 5 大
體相同，惟方位不同。如圖 179 所示。

【動作 11】與本式動作 6 相同。最後朝向為第一式
無極態的正右方。如圖 180 所示。

圖179（正面）　　圖179（側面）　　圖179（背面）

圖180（正面）　　圖180（側面）　　圖180（背面）

第六十四式　手揮琵琶（部分詳解）

【動作 1】接上式，重心仍在右足，先將左足跟至適當距離再極力往後撤，兩足距離遠近以不牽動右足處身體重心為限。再將右手從頭處，在左足後撤時，同時斜著往前、往下落去，胳膊伸直，與心口齊平。左手與右手同時往前伸，伸至右手腕與右肘間，與右手前後著，也與心口齊平。兩眼視前。如圖 181 所示。

【動作 2】與第十九式手揮琵琶動作 2 相同。如圖 182 所示。

第六十五式　懶紮衣

動作、意象與第二十式懶紮衣相同。如圖 183 所示。

圖181（正面）　　圖182（正面）　　圖183（正面）

第六十六式 開 手

動作、意象與第四式開手相同。如圖184所示。

第六十七式 合 手

動作、意象與第五式合手相同。如圖185所示。

圖184（正面）

第六十八式 單 鞭

動作、意象與第六式單鞭相同。如圖186所示。

圖185（正面）

圖186（正面）

第六十九式　雲　手

動作、意象與第三十六式
雲手相同，次數僅為一次。如
圖 187 至圖 189 所示。

第七十式　雲手下勢
（詳解）

圖187（正面）

【動作 1】接上式，動作
不停，身勢上展。右足裡扣，身體往左轉正，重心經左足
再移至右足，左足前掌著地。左手在身體轉時，同時往身
前收，至心口略下處。右手同時也往身前收，至心口略上
處，右手在上，左手在下，兩手食指形成交叉態，同時略

圖188（正面）

圖189（正面）

往前上伸去。兩眼視前偏下。如圖 190 所示。

【動作 2】接上一動作，兩手前後分開，左手往前推去，伸直與心口齊平。右手往後拉，拉至右胯處，用大指靠住。兩手前後分開時，身子直著，同時徐徐往下略蹲，腰要塌住勁。左足也在兩手分開時，同時往前邁去，足後跟著地，兩足相離遠近以不牽動右足處身體重心為限度。兩腿均要彎曲，右腿作為全體的重心。兩眼朝著左手看去。如圖 191 所示。

動作過程中，腹內鬆開，手足肩胯均不要著力。

第七十一式　更雞獨立（詳解）

【動作 1】接上式，重心移至左足。右手從右胯處，胳膊似曲非曲、似直非直，往前、往上劃一弧線，劃至手

圖190（正面）

圖190（側面）

圖190（背面）

梢與右耳約略相齊，手梢朝上。身體在右手劃弧線時，同時往上起，右腿同時往上抬起，足尖上仰。左手同時劃下弧線往下落至左胯處，手梢朝下。兩眼視前。如圖192所示。

圖191（正面）　　圖191（側面）　　圖191（背面）

圖192（正面）　　圖192（側面）　　圖192（背面）

【動作2】接上一動作，右足往前往下落去，重心移至右足。右手同時往下落，往下劃弧線落至右胯處，手梢朝下。左肩鬆沉，左手往上劃一弧線至手梢與左耳相齊，手梢朝上。左腿同時往上抬起，足尖上仰。兩眼視前。如圖193所示。

動作過程中，腰往下塌勁，頭項穩住，心中虛空，用意往上頂勁，兩肩用意往下縮勁。動作之間式微停。

圖193（正面）　　圖193（側面）　　圖193（背面）

第七十二式　倒輦猴

動作、意象與第二十五式倒輦猴相同。惟與上式相接時，略去動作1，直接進入動作2，後續動作循環程式完全相同。如圖194、圖195所示。

圖194（正面）

圖195（正面）

第七十三式　手揮琵琶

　　動作、意象與第十九式手揮琵琶相同，惟方位不同。如圖196略示。

第七十四式　白鶴亮翅

　　動作、意象與第八式白鶴亮翅相同。如圖197略示。

圖196（側面）

圖197（正面）

圖198（正面）

第七十五式　正面開手

動作、意象與第九式開手相同。如圖198略示。

第七十六式　合　手

動作、意象與第五式合手相同。如圖199略示。

圖199（正面）

第七十七式　摟膝拗步

動作、意象與第十一式摟膝拗步相同。如圖 200、圖
201 略示。

圖200（正面）　　　　圖201（正面）（定式前過渡）

第七十八式　手揮琵琶

動作、意象與第十二式手揮琵琶相同。如圖 202、圖
203 略示。

第七十九式　三通背

動作、意象與第三十二式三通背相同。如圖 204 ～圖

223 所示。

圖202（正面）　　　　圖203（正面）

圖204（正面）　　圖205（正面）　　圖206（正面）

圖207（正面）　　圖208（正面）　　圖209（正面）

圖210（正面）　　圖211（正面）　　圖212（正面）

圖213（正面）　　　圖214（正面）　　　圖215（正面）

圖216（正面）　　　圖217（正面）　　　圖218（正面）

圖219（正面）

圖220（正面）

圖221（正面）

圖222（正面）

圖223（正面）

第八十式　開　手

動作、意象與第四式開手相同。如圖 224 略示。

第八十一式　合　手

動作、意象與第五式合手相同。如圖 225 略示。

圖224（正面）

第八十二式　單　鞭

動作、意象與第六式單鞭相同。如圖 226 所示。

圖225（正面）

圖226（正面）

第八十三式　雲　手

動作、意象與第三十六式雲手相同。如圖 227 ～ 圖 231 所示。

圖227（正面）　　　圖228（正面）

圖229（正面）　　圖230（正面）　　圖231（正面）

第八十四式　高探馬（部分詳解）

動作、意象與第三十七式高探馬大體相同。惟不做動作 3 和 4，做完動作 2 後，直接續接下一式十字擺蓮。如圖 232、圖 233 所示。

第八十五式　十字擺蓮（詳解）

【動作 1】接上式，右足外擺，身體右轉，重心移至右足。左足裡扣在右足內側，兩足成為倒八字形式，兩足尖相離少許。同時，兩手腕搭接於胸前，左手在上，右手在下。兩眼視前下。如圖 234 所示。

【動作 2】接上一動作，重心移至左足。右足向正前

圖232（正面）

圖233（正面）

上方抬起，腳面朝外繃住勁。右足心在左膝上下時，速往
右邊斜角擺去。落地時兩足距離以不牽動左足處身體重心
為限。兩手在右腿抬並擺時，同時如單鞭式橫著分開。兩
眼視正前方。如圖 235 所示。

圖234（正面）

圖234（側面）

圖235（正面）

圖235（側面）

第八十六式　進步指襠捶（詳解）

接上式，右足落地後，重心移至右足。兩眼望著前邊低處，如同有一物看去。隨即兩手往前並著往一處伸去，左手扣在右手腕上，右手成拳，右拳如有指著兩眼所看之物之意。左足在兩手合併過程中，同時往前略跟步。兩眼視前下。如圖236所示。

動作過程中，身體呈三折形式，小腹如同放在大腿根上，兩腿彎曲著，腰塌住勁，身子有往前撲的趨勢，左手仍扣著右手腕，右拳極力往前伸去，如同指物一般。

第八十七式　退步懶紮衣（部分詳解）

【動作1】接上式，身體上展。左足極力往後撤，以不牽動右足處身體重心為限。右拳變掌，兩手上抬與肩

圖236（正面）

圖236（側面）

平。身體其他各部原位略作調整。兩眼視前偏下。如圖
237 所示。

【動作 2】接上一動作，重心移至左足，右足尖欠
起。兩手同時往回來，拉至胸前頜下。兩眼視前。如圖
238 所示。

圖237（正面）　　圖237（側面）　　圖237（背面）

圖238（正面）　　圖238（側面）　　圖238（背面）

【動作 3】與第三式懶紮衣動作 6 相同。如圖 239 略示。

第八十八式　開　手

動作、意象與第四式開手相同。如圖 240 所示。

第八十九式　合　手

動作、意象與第五式合手相同。如圖 241 所示。

圖239（側面）

第九十式　單　鞭

動作、意象與第六式單鞭相同。如圖 242 所示。

圖240（正面）　圖241（正面）　圖242（正面）

第九十一式 單鞭下勢（詳解）

【動作1】接上式，重心保持在左足。身體略左轉，
右足以腳跟為軸裡扣，與左足成半八字形。同時，兩手均
做內旋，至兩手心約略向上，且斜相對著，如托一圓球。
兩眼視左前。如圖243所示。

【動作2】接上一動作，重心移至右足，身體繼續左
轉至無極態正左方，左足也隨即在原位左右調正。同時右
手腕繼續往外撐住勁，往右胯處來，手心朝下。左手同時
略往下落，手心朝下，胳膊仍直著往前伸去，伸直與心口
齊平，與右手呈相分態勢。身體略下蹲。腰要塌住勁。兩
足相離遠近以不牽動右足處身體重心為限度。兩腿均要彎
曲。兩眼朝著左手看去。如圖244所示。

圖243（正面）　　圖243（側面）　　圖243（背面）

　　動作過程中，腹內鬆開，手足肩胯均不要著力。最後定式時的身體要領要求與第七十式雲手下勢相同。

圖244（正面）　　　圖244（側面）　　　圖244（背面）

第九十二式　上步七星
（詳解）

　　接上式，左足略前邁墊步，重心隨即移至左足。右足前跟至左足右後方，是否相挨不拘。同時，兩手上下相交於胸前，如十字形式。兩腿彎曲，身體儘量豎直，腰要塌住勁。兩眼視前。如圖245所示。

圖245（正面）

第九十三式　下步跨虎（詳解）

【動作 1】接上式，右足後撤，隨即重心移至右足。同時兩手往下摟，左手摟在左胯處，右手摟在右胯處，兩手心朝後下方。隨後，兩手從兩胯處往上起至眼前邊，手心朝上。左足在兩手往下按時，同時往後來，足尖著地。兩眼視前偏下。如圖 246、圖 247 所示。

【動作 2】接上一動作，重心仍在右足。兩手從眼前，如按氣球似往下按去。兩手往下按時，身體同時往下屈腿塌腰。兩手上起，手心朝下，起時如同按著大氣球，有往上鼓起之意。左腿在兩手起時，同時極力往上抬起，足尖仰著，身體與手足同時往上起，全身如同按著氣球往上起。兩眼視前。如圖 248 所示。

圖246（正面）　　圖246（側面）　　圖246（背面）

圖247（正面）　　圖247（側面）　　圖247（背面）

圖248（正面）　　圖248（側面）　　圖248（背面）

第九十四式　轉角擺蓮（詳解）

　　【動作 1】接上式，重心仍在右足。右足以腳跟為軸，隨身體往右轉，轉至無極態的右後方。左足裡扣著，往右足尖左前邊落去。兩手同時略往前下按。兩眼視前。如圖 249 所示。

　　【動作 2】接上一動作，重心移至左足。隨即右腿抬起，極力往右邊擺去；左足於右腿擺時，同時足掌極力往裡扭扣。兩手在右足往外擺時，同時用兩手拍右腳面。拍時，先用左手，次用右手，要用兩下拍，響發連聲，不要間斷。兩眼平視。如圖 250、圖 251 所示。

圖249（正面）　　圖249（側面）　　圖249（背面）

圖250（正面）

圖250（側面）

圖250（背面）

251（正面）

第九十五式　彎弓射虎（詳解）

【動作1】接上式，重心在左足。右足擺著往右邊斜角邁去，落地兩足斜順著。兩手心向下，如按皮球。兩眼視前下。如圖252所示。

【動作2】接上一動作；重心移向右足，右腿前弓。同時，兩手從胸前往左斜角略前伸，手心朝下，左手在前，右手在後。兩胳膊似曲非曲，似直非直。兩眼順著兩手中間往前邊看去。如圖253所示。動作過程中，各處用勁要平均，不要有一處專用力；心內虛空，氣往下沉。

圖252（正面）　　　　　圖252（側面）

圖253（側面）　　　　圖253（背面）

第九十六式　雙撞捶（詳解）

【動作1】接上式，重心移至右足。左足極力往前邁去，足後跟落地。再將兩手輕輕握上拳，同時用意拉回至胸前，手背朝上。兩眼視左前。如圖254所示。

【動作2】接上一動作，重心移至左足。隨後兩拳往前上方撞去。右足在兩拳往前撞時，跟步至左足右後方適當距離處，足

圖254（正面）

尖落地。動作過程中，兩胳膊似曲非曲，似直非直。腰要
塌住勁，兩腿略彎，身體儘量端正。兩眼朝著兩拳當中看
去。如圖255所示。

圖255（正面）　　　圖255（側面）　　　圖255（背面）

第九十七式　陰陽混一（詳解）

【動作1】接上式，身體右轉，重心移至右足。同
時，左足以腳跟為軸，儘量裡扣。左手腕往裡裏，裏至手
心朝上，左拳與脖項約略相平。右手拉至左手腕下方，右
胳膊肘靠著脅。兩眼視前下。如圖256所示。

【動作2】接上一動作，重心移至左足。右足往後
撤，距離以不牽動左足身體重心為限。左拳往胸前來，右
拳同時往裡裏著從左手腕下往前伸去，左拳在裡邊，右拳

在外邊。兩手腕相離寸許，兩拳心斜對著胸。兩眼視前略下。如圖 257 所示。

圖256（正面）　　圖256（側面）　　圖256（背面）

圖257（正面）　　圖257（側面）　　圖257（背面）

【動作3】接上一動作，重心移向右足。左拳從右手腕下邊向外挽去，挽至右手外腕，兩手外腕相挨。兩眼視前偏下。如圖258所示。

【動作4】接上一動作，重心移至右足。腰往下塌勁，兩腿要彎曲，兩手外腕於腰塌勁同時一齊往外扭，扭至兩手腕如十字交叉形式與心口平。左足在兩手腕往外扭時，同時略往前邁步，足後跟著地。兩眼視前偏下。如圖259所示。

動作過程中，兩肩兩腿根節處以及腹內均宜鬆開。頭要虛靈頂住勁，舌頂上齶，穀道上提，意注丹田，意念上將元氣收斂入氣海。

圖258（正面）　　圖258（側面）　　圖258（背面）

圖259（正面）　　圖259（側面）　　圖259（背面）

第九十八式　無極還原（詳解）

接上式，兩手同時劃下弧線往下劃去；左手至左胯
處，右手至右胯處，兩手心挨住兩胯。左足在兩手往下落
時，同時撤至右足內側，兩足裡跟相挨，還於第一式無極
態時的形式，重心在兩足中間。身體在左足往回撤時，同
時往上起直。此時，身體各部分都不要用力，心神意歸於
平靜。如圖260、圖261所示。這正是：

　　　　無極出定太極生，

　　　　剛柔相摩有動靜；

　　　　識得本原從來新，

　　　　神行氣舍意屯屯。

圖260（正面）　　　　　　圖261（正面）

第五篇　孫式太極拳宗師言論

一、孫祿堂先生語錄（1860～1933）

（一）無極和太極

無極者，當人未練拳術之初，心無所思，意無所動，目無所視，手足無舞蹈，身體無動作，陰陽未判，清濁未分，混混噩噩，一氣渾然者也。

夫人生於天地之間，秉陰陽之性，本有渾然之元氣，但為物欲所蔽，於是拙氣拙力生焉，加以內不知修，外不知養，以至陰陽不合，內外不一，陽盡生陰，陰極必敝，亦是人之無可如何者。惟聖人有逆運之道，轉乾坤，扭氣機，能以後天返先天，化其拙氣拙力，引火歸原，氣貫丹田。於是有拳術十三勢之作用，研求一氣伸縮之道，所謂無極而能生太極者是也（原注：一氣者即太極也）。

十三勢者，掤捋擠按，採挒肘靠，進退顧盼定也。掤捋擠按（原注：坎、離、震、兌八四正方也，採挒肘靠（原注：即乾、坤、艮、巽），四斜角也，亦即八卦之理也。進步、退步、左顧、右盼、中定也（原注：即金、

木、水、火、土也），此五行也。合上述之四正四斜為十三勢，此太極拳十三勢之所由名也。

其中分為體、用，以太極架子，進退顧盼定言，謂之體。以掤捋擠按，採挒肘靠言，謂之用。又或以五行謂之經，八卦謂之緯。總而言之曰：內外體用一氣而已。以練架子，為知己功夫，以二人推手，為知人功夫。練架子時，內中精氣神貴能全體圓滿無虧。操練手法時，手足動作，要在周身靈活不滯。先達云：終朝每日常纏手，功久可以知己知彼，能制人而不為人所制也。

（二）太極拳推手要論

練習拳式，以無極太極陰陽五行操練，將神氣收斂於內，混融而為一，是太極之體也。此卷以八勢含五行諸法，動作流行，使神氣宣佈於外，化而為八，是太極之用也。有體無用，弊在無變化，有體無本，弊在無根本。所以體用兼該，乃得萬全。

以練體言，是知己工夫。以兩人打手言，是知人工夫。練體日久純熟，能以遍體虛靈，圓滑無礙，神氣混融為一體。到此時，後天之精自化，先天之氣自生矣。即使年力就衰，如能去人欲，時時練習，不獨可以延年益壽，直可與太虛同體。先賢云：固靈根而靜心，謂之修道。養靈根而動心，謂之武藝，是此意也。

以操手練用工純，能以手足靈活，引進落空，四兩撥千斤，神氣散佈而為十三式，至此時，血氣之力自消，神妙之道自至矣。

所以人之動靜變化，誠實虛偽，機關未動，而我可預知，無論他人如何暗發心機，總不能逃我之妙用。妙用為何？即打手之著法，掤捋擠按，採挒肘靠八法也。總以掤捋擠按四手，為打手根基正手。故先以掤捋擠按四手常常練習，須向不丟不頂中求玄妙，於不離不即中討消息，習之純熟，手中便有分寸，量彼勁之大小，分厘不錯，權彼勢之長短，毫髮無差。前進後退，處處恰合。以後採挒肘靠四法，以及千萬手法，皆由掤捋擠按四法中變化而出，至於因熟生巧，相機善變，非筆墨所能盡，此不過略言大概耳。

（三）論拳術內家外家之別

今之談拳術者，每每有內家外家之分，或稱少林為外家，武當為內家；或以在釋為外家，在道為內家。其實皆皮相之見也。名則有少林武當之分，實則無內家外家之別。少林，寺也；武當，山也。拳以地名，並無軒輊。至竟言少林而不言武當者亦自有故。

按少林寺之拳，門類甚多，名目亦廣，輾轉相傳，耳熟能詳。武當派則不然，練者既少，社會上且有不知武當屬於何省者，此非予之過言也。浙之張松溪，非武當派之嫡傳乎？至今浙人士承張之緒者，何以未之前聞也？近十年來，人始稍稍知武當之可貴矣。

少林、武當之一隱一現者其故在此。安得遽分內外耶？或謂拳術既無內外之分，何以形勢有剛柔之判？不知一則自柔練而致剛，一則自剛練而致柔，剛柔雖分，成功

則一。夫武術以和為用，和之中知（智）勇備焉。

予練拳術亦數十年矣。初亦蒙世俗之見，每日積氣於丹田，小腹堅硬如石，鼓動腹內之氣，能仆人於尋丈外，行止坐臥，無時不然。自謂積氣下沉，庶幾得拳中之內勁矣。彼不能沉氣於丹田小腹者，皆外家也。

一日，山西宋世榮前輩，以函來約，余因袱被往晉。寒暄之後，因問內外之判，宋先生曰：「呼吸有內外之分，拳術無內外之別，善養氣者即內家，不善養氣者即外家。故善養浩然之氣一語，實道破內家之奧義。拳術之功用，以動而求靜；坐功之作用，由靜而求動。其動中靜、靜中動，本係一體，不可歧而二之。由是言之，所謂靜極而動，動極而靜。動靜既係相生，若以為有內外之分，豈不失之毫釐，差以千里？我所云呼吸有內外者，先求其通而已。通與不通，於何分之？彼未知練拳與初練拳者，其呼吸往往至中部而止，仍行返回，氣浮於上，是謂之呼吸不通。極其弊則血氣用事，好勇鬥狠，實火氣太剛過燥之故也。若呼吸練至下行，直達丹田，久而久之，心腎相交，水火既濟，火氣不至炎上，呼吸可以自然，不至中部而返。如此方謂之內外相通，上下相通，氣自和順，故呼吸能達下部。氣本一也，誤以為兩個，其弊亦與不通等。子輿氏曰：『求其放心收而後道生。亦即道家收視返聽之理。』」

余曰：「然則鄙人可謂得拳術中之內勁乎？蓋氣已下沉，小腹亦堅硬如石矣。」

宋先生曰：「否！否！汝雖氣通小腹，若不化堅，終

必為累，非上乘也。」

余又問何以化之？

先生曰：「有若無，實若虛。腹之堅，非真道也。孟子言由：『仁義行，非行仁義也』。《中庸》極論『中和』之功用。須知古人所言，皆有體用。拳術中亦重中和，亦重仁義。若不明此理，即練至捷如飛鳥，力舉千鈞，不過匹夫之勇，總不離夫外家。若練至中和，善講仁義，動則以禮，見義必為，其人雖無百斤之力，即可謂之內家。迨養氣功深，貫內外，評有無，至大至剛，直養無害，無處不有，無時不然，捲之放之，用廣體微，昔人云『物物一太極，物物一陰陽』。吾人本具天地中和之氣，非一太極乎？《易經》云：『近取諸身，遠取諸物。』心在內而理周乎物，物在外而理具於心，內外一理而已矣。」

余敬聆之下，始知拳道即天道，天道即人道。又知拳之形勢名稱雖異，而理則一。向之以為有內外之分者，實所見之不透，認理之未明也。由是推之，言語要和平，動作要自然。吾人立身涉世，處處皆是誠中形外，拳術何獨不然。試觀古來名將，如關壯繆、岳忠武等，皆以識春秋大義，說禮樂而敦詩書，故千秋後使人生敬仰崇拜之心。若田開強、古冶子輩，不過得一勇士之名而已。蓋一則內外一致，表裡精粗無不到，一則客氣乘之，自喪其所守，良可慨也。

宋先生又云：「拳術可以變化人之氣質。」余自審尚未能見身體力行，有負前輩之教訓。今值江蘇省國術館有

十八年度年刊之發行，余服務館中，亦即兩載，才識淺陋，屍位貽譏，故以聞之前人者略一言之，以志吾愧。

二、孫存周先生語錄（1893～1963）

（一）孫存周論內家拳入門

今之學拳術者，每好高鶩遠，輒以練氣凝神，毋須拘拘於形式。這種理論固極高深，但它不切合於初學者。因為拳術無論少林武當，欲捨姿勢之外，是無其他致力之途。且拳術貴在順中用逆，導氣下沉，動中求靜，神不外散，則自然氣聚神凝。其姿勢純正者，呼吸即調；其形態乖謬者，則呼吸已如其形態而形成散亂。余聞之先嚴云：拳術練氣凝神須向姿勢平正中求之。形正則氣和，形偏則氣亦偏。又云增其華者減其骨，飾其外者喪其中。此言讓初學者宜注重姿勢，而不尚奇特，萬勿忽視。

學習拳術，門派之見，實屬萬不可有。然選擇拳術，首戒標奇立異。若二三其志，尤易誤入歧途。但既經選擇之後，尤應繼循正軌，所謂探驪得珠，貴得其竅。堅持習練，持之以恆，不特真詮可得，且其成功亦指日可待。

練習拳術，必須心靜，心靜則意專，意專則舉手投足，左右往來，前進後退，上下伸縮，無不如意。意之所至即力之所至。尤須知拳術姿勢，變換進退，內外一氣，含蓄在胸。兩肩鬆開，氣自下沉。力起於腳跟，主宰於腰腹，而運用則在兩肩，往來伸縮如前面有物阻擋，前進後

退有不丟不頂之意。

　　初練時務要認定一種，勿貪多，勿嫌少。須知拳雖一派而式不同，法出一源而用殊異。故學一式須時加練習，勿專求重，重則滯；勿專求輕，輕則浮。尤不可專求一部之氣，一部之力，務求全身平均發展。蓋拳術順者，自然有力；內外和者，自然氣聚神凝；得其中正者，身體自然沉重；神意靜逸者，身體自然輕靈。故切不可專求一事。久之，身體自然健康，自然可以袪病延年矣。今請與初學諸君約：嗣後學習請照後列各則循序漸進，雖不能成為名家，但可免誤入歧途矣！

　　1. 形意拳、八卦掌、太極拳源出一流，而式用不同。初學者亦各擇其性之相近，認定一種，加以練習。

　　2. 三種拳術既經選定一種之後，學會一式，繼續勤加自習，切勿貪多嫌少！要知各式有各式之妙，學者宜細細領悟。

　　3. 到場練習，應該主動，將所學會者溫習。須知多練一趟，身體上可多獲益一次。千萬不要等人催促才去練習。

　　4. 練習拳術，學有先後。初學者應自起點學起，切不可強與先習者比擬。

　　5. 練習拳術如有不明瞭處，應當隨時請教，以免食而不化。而於平時，尤應觀察他人演習，藉收仿摹領悟之效。

三、孫劍雲先生語錄（1914～2003）

（一）主旨舉要

太極拳是我國特有的武術項目。它具有強壯身體，祛病延年的功能，並具有特殊的技擊作用，是一種「內外兼修」的運動。孫式太極拳是我國太極拳主要流派之一。先父孫祿堂，以畢生精力，鑽研形意拳、八卦拳、太極拳，融會貫通，進而冶三家於一爐，卓然自成一家——孫式太極拳。

孫式太極拳的特點是：進退相隨，舒展圓活，動作敏捷，既有形意拳的跟步，又有八卦拳的身法，動作緊湊，猶如行雲流水，綿綿不斷，每轉身則以開合相接。故又稱「活步太極拳」、「開合太極拳」。

（二）孫式太極拳的功效及醫療保健作用

孫式太極拳的功效作用在於：一方面加強肺臟功能以理氣機，另一方面則提高肝臟作用以通百脈，以此增進健康。這種動中求靜、以氣血為主的運動方法，是經過多少年來無數拳師，用畢生精力實踐研練、不斷總結提高而得來的。

先父孫祿堂常常講：「人身養命之寶是氣和血。理氣之機為肺，理血之機為肝。氣為先天，血為後天。故氣在前，血在後，血無氣不行。」這就是說，肺和肝是人的身

體的主要器官，一旦肺和肝發生故障，則危及生命。而氣更為重要，所以有「百病生於氣」之說。氣不散亂，就能內外如一；氣一貫通，就能上下相連，從而使人身各系統保持穩定和平衡。這樣就可以保持人的身體健康了。

那麼，練太極拳是怎樣使得人體各系統收到保持穩定和平衡的功效呢？我們都知道，造成人身發病的原因，使人體不健康的因素，很重要的一點就是情緒波動、思想混亂，由此而影響氣血流通，造成有失正常，有失平衡，產生疾病。練太極拳可使思想意識集中於頭、手、身、足的連貫一致，使情緒安靜，自然促使氣血周流，運行隨之正常和平衡。氣血周流運行情況得到改善之後，原來因為氣血運行反常而造成的一切疾病，亦隨之逐漸消減，這樣就有了恢復健康的功效。

我國的醫藥經典上講：「恬澹虛無，真氣從之，精神內守，病安從來。」又說：「氣為血帥，氣行血行。」要人們勿使自己的思想混亂而保持情緒樂觀安定，使造成疾病的因素不起作用，然後保持呼吸正常。氣機一通暢，就能使人體內在的力量充沛旺盛，從而使一切血液循環系統、消化系統、分泌系統、排泄系統等等均能得到正常代謝，增強人體健康。人體健康得到加強，即使遇外界氣候的驟然突變和任何流行疾病的傳染，都無從侵犯，這自然是增強了抵抗力，收到防病於未然的功效。

「太極」二字就是氣的代名詞，研練太極拳就是「人衰氣補」的最好運動方法。因此，古人素有「藥補不如食補，食補不如氣補」和「一氣流行，無凹無凸」的說法。

大自然中任何生物都充滿著氣，分秒不能離開這氣，至大至剛的是氣，至柔至微的也是氣。年輕人氣盛所以強壯，老年人氣衰所以衰弱。要想保持身體強壯、青春常在，就必須保持盛氣常在。

研練太極拳是用腹式呼吸，就是拳師們常說的「息息歸臍」。做到了小腹呼吸，促進了肝臟內儲備的大量血液去參加血液循環，因而增加了靜脈血的回流量，同時也增加了動脈血的輸出量。

我們都知道，腹式呼吸比胸式呼吸好處多，因為用胸來進行深呼吸只有胸部向前後左右擴張，遠遠不如用腹部來進行深呼吸時能把上下體內腔容積放大，其所接受的肺活量，要遠比胸部呼吸大。胸部呼吸時，因為肺部毛細血管充血的影響，會減少動脈血的輸出量。而腹式呼吸就大不相同了，因為腹壓增高的關係，起了積極動員肝臟所貯藏的血液參加血液循環的作用，增加靜脈的回流量，動脈血的輸出量，同時因周圍神經的高度興奮，毛細血管通路數量增多。在這一影響下，不但減輕了植物性神經和大腦皮質的負擔，達到維持情緒安定的目的，而且在所有氣血系統得到改進之後，就足以防止外來病因的侵襲，這樣就達到祛病延年的目的了。

練太極拳的一切動作，舉手、投足、身軀輾轉……無不取象於天體「圓形」，惟圓可以包羅萬象，惟圓可以最為持久，猶如充沛於宇宙之間的氣一樣，又圓滿又活潑。若能練到一氣流行、無阻無礙、無凹無凸、一任自然的程度，那麼受益將是極大的。練太極拳有一動百動之說，決

不侷限於某一部分，亦不可分割開來，而是相互依存，相互誘導，故必須力求姿勢正確，動作和順，更不能危害呼吸正常。若差毫釐，只恐有失之千里之弊。

（三）孫式太極拳的練法

太極拳的套路以掤、捋、擠、按、採、挒、肘、靠八種手法，配合著前進、後退、左顧、右盼、中定、四正四隅等步法而編成的。前面講到過，孫式太極拳中既有形意拳的跟步，又有八卦拳的身法，是冶形意拳、八卦拳、太極拳於一爐，所以有它自己的風格、特點。

先父祿堂公曾反覆訓論說：「練拳時，要從其規矩，順其自然，外不乖於形式，內不悖於神氣，外面形式之順，即內中神氣之和，外面形式之正，即內中意氣之中。故見其外，知其內，誠於內，形於外，即內外合而為一。」這段話十分精確地講述了如何練好孫式太極拳的道理。回憶先父的教誨，加上自己幾十年研練太極拳的體會，有以下幾點粗淺認識。

1. 太極拳的規矩：

孫式太極拳講究中正平穩、舒展柔和，絕不要跳躍等勉強動作，從起勢到收勢，各種動作，各種姿勢都是相互連貫，一氣呵成，使得全身內外平均發展，故有一動無不動，一靜無不靜。正因為中正，既不前俯後仰又不左偏右倚，使得軀體手足上下呼應，內外一體，所以必須有嚴格的規矩。

頭為諸陽之會，為精髓之海，為督任兩脈交會之點，

統領一身之氣。此處不合，則一身之氣俱失，所以必須不偏不斜，不俯不仰，直立頂勁，要頂頭豎項。

足能載一身之重，靜如山嶽，有磐石之穩；動如舟楫車輪，無傾覆之患。左虛右實，不實則不穩，全實則移動不利，容易傾倒，不虛則不靈，全虛則輕浮不穩，故必須虛實相間，方得靈活自然。腰為軸心，居一身之中，維持人體重心的是腰，帶動四肢活動的也是腰，所以要刻刻留心在腰際。先父教授拳術，要求極為嚴格。他要求研練者必須嚴守「九要」的規矩，稍有不合，立即糾正。這「九要」是：

一要塌（塌腰、塌腕）；二要扣（扣肩、扣膝、扣趾）；三要提（提肛，但不是用意識去提）；四要頂（舌頂上齶、頂頭、頂手、頂膝）；五要裹（裹肘、裹胯、裹膝）；六要鬆（鬆肩、鬆胯）；七要垂（垂肩、垂肘）；八要縮（縮肩、縮胯）；九要起鑽落翻分明（頭頂而鑽，頭縮而翻，手起而鑽，手落而翻，腰起而鑽，腰落而翻，腳起而鑽，腳落而翻）。

這些拳法中的規矩，決不是違背自然的，它是從人的生命開始時便帶來的自然本能。只不過這種本能動作是在成長的過程中，隨著生活習慣和職業環境等不同程度的潛移默化，於不知不覺中這生來就有的自然本能動作逐漸消失了。練習太極拳在某種意義上講就是將天然本能進行最大程度的復原。

2. 太極拳的調息：

練習太極拳要心靜調息，才能獲得好處，經常保持思

想集中，不開小差，經常保持正常呼吸，每次呼吸都要細而深長，直貫丹田（腹式呼吸）。古人常講「凝神於此，元氣日充，元神日旺，神旺則氣暢，氣暢則血融，血融則骨強，骨強則髓滿，髓滿則腹盈，腹盈則下實，下實則行步輕健，動作不疲，四體健康，顏色如桃李」。由此可見練拳時氣息的重要。

呼吸是人們從娘胎中帶來的本能，而練太極拳的呼吸正是需要這種本能的自然呼吸。練習太極拳的主要方法之一就是調息（一呼一吸叫息）。調息的方法是：呼吸時不著意不用力，綿綿若存，似有似無，一任自然。舌要頂上齶，用鼻孔呼吸，嘴要虛合，不要張開。要注意心腎相交，心中意志，下照海底，海底之氣自下而上與神意相交，歸於丹田之中，運貫全身，暢達四肢。

先父祿堂公常講：「吸氣時由湧泉過會陰上達頂門，呼氣時只有息息歸臍，每一舉手投足，分佈全身的筋脈都要協調合作，不呈散亂，所以能開合伸縮，力達指尖，運勁如抽絲，兩手似扯綿。」古人認為臟器的病因是：悲哀則腎病，喜樂不均則肺病，憂愁不解則脾病，忧傷思慮則心病，盛怒不釋則肝病。這就說明了百病皆生於氣。所以，練太極拳是以調息方法為主要目的。在練太極拳時要記住拳法中的口訣：「心定神寧，神寧清靜，清靜氣行。氣行則神氣相通。」

在練太極拳時不可越出一個「中」字，即使在行住坐臥時亦要不離開這個「中」字，若能悟透這個「中」字，便掌握了自己的重心，重心不失，呼吸就能保持正常，呼

吸正常，才能百脈通暢。所以守中就是做調息功夫，就是中國的吐故納新的導引養生方法。莊子說：「真人呼吸以踵。」它是做調息功夫的一種方法，太極拳的調息方法，亦是要呼吸以踵。

3. 太極拳的攝心入靜：

前面談到練太極拳調息的重要，就是說要練好太極拳，要保持練習太極拳的功效，就必須消除一切影響呼吸不正常的因素，首先就是要「鎖心猿，拴意馬」，攝心入靜。攝心入靜的方法不是要用意識去強制執行，而是要從其規矩，順其自然，才能消除一切雜念，只有一切雜念消除之後，才能使得呼吸正常，故千萬不可有意使氣。先父曾教誨說：「有心禦氣，氣反奔騰。」古人也講：「氣不可禦，禦氣則滯。」由此可見，「入靜」與「調息」之間的關係是不可分割、息息相聯的。

用什麼辦法入靜？就要遵照「八要」去做。這「八要」是：「心定神寧，神寧心安，心安清靜，清靜無物，無物氣行，氣覺行象，覺象絕明，絕明則神氣相通。」特別是在開始站無極式的時候，要力求身體內外的中正和順，做到心平氣和，使得呼吸正常，綿綿若存，不粗不暴，而且能夠做到息息歸臍，這樣就有了身心恬靜的感覺，努力研練不輟，自然會感到百脈充和、四體輕健了。

4. 孫式太極拳的套路練習：

練習太極拳要柔不要剛。柔並不等於軟。練太極拳的用力是用自然的力，決不是咬緊牙關、屏住呼吸時用的力。它是一種順中有逆、逆中有順的自然力，是一種「氣

與力合一」的力，也是一種積於柔必剛、積於弱必強的力。

中醫學和氣功均以腎為「命門」。從現代醫學解剖學瞭解到，命門的部位近於腎上腺部位，腎上腺有調節各元素的代謝作用和電解質平衡作用。如果這樣物質的代謝作用和平衡作用發生混亂，就要造成疾病甚至死亡。人們能維持生命，主要依靠腎上腺的功能，所以，腎上腺又稱之為「生命之源」。

練太極拳的初步功夫——練精化氣，就是加強腎臟統治力量。但是，腎臟與其他臟腑是互相依存、互相影響、互相制約、互相促進的，決不可單獨分割對立，而是統一不斷變化的生理活動，大致不出乎伸縮開合、陰陽順逆、動靜虛實。

練太極拳的套路有三個階段、三層意思。

第一階段初層意思：在練拳時，好像自己整個身子沉入河水之中，兩足猶如陷入於泥，兩手及軀體的動作都像遇到水的阻力一般。

第二階段第二層意思：總的感覺仍如第一階段的意思，只是兩足似已不在淤泥之中，能夠浮起，如善泅水者能浮游自如了。

第三階段第三層意思：好像整個軀體已鑽出水面，身體感到格外輕靈，兩足似在水面上行走一般，又好像只要心中稍一散亂，即恐下沉的意思。如練到這種程度，說明其套路已有一定功夫了。

練習套路，必須要按照拳路的四正四隅，做前進、後

退、左顧、右盼、中定等種種動作，內臟各器官配合，起著平均發展、一動百動等作用，千萬不能局限於身體的任何一部分。只要做到氣機通暢，心息相依，就是動中求靜，那麼一切雜念就不會產生了。這樣，大腦皮質和植物性神經的負擔減輕了，精氣充沛了，從而達到了祛病延年的效果。

另外，孫式太極拳具有架式高、步法靈活敏捷的特點，這對於習練者的膝關節是十分有益的。大家都知道，凡武術運動員由於高強度訓練，往往造成膝關節的損傷，有些甚至是嚴重的損傷。而造成這些損傷的因素不外套路中有大起大落、跳躍翻騰、單重架式過多等等原因。而孫式太極拳的架式高、步法活的特點恰恰能使受傷的膝關節得到保護和恢復，自然也就沒有損傷膝關節之擔心了。在套路練習取得功夫後，對練也就有了很好的基礎，因為對練推手亦不外：掤、捋、擠、按、採、挒、肘、靠八法，基礎紮實，就能自如掌握分寸了。

5. 孫式太極拳推手的練習：

透過套路的練習有了一定的功夫後，便可進行對練。套路的單獨練習叫做知己功夫，對練（推手）是知彼功夫。但是對練必須有很好的套路功夫才能施之於用。對練要每日按照掤、捋、擠、按等手法去練習。推手時不可執著成法，要機動靈活，要集中自己的思想，掌握著自己的重心，窺定對方的身手，或粘或走，或剛或柔，伸縮往來要上下相隨。或如粘住對方的意思，或如似挨非挨的意思，靈活運用，切忌呆滯，更不能努氣用拙力，要在不即

不離中求玄妙、不丟不頂中討消息。要用搗虛法使得對手失其重心，即所謂「引進落空，四兩撥千斤」。但是搗虛之法務必判斷好對方之來力。對方直出時必然沒有橫力，我搬其橫；對方橫出時必沒有直力，我截其直；對方上出時必無下力，我挑其下；其下劈者必無上力，我打其上……總之要做到不離粘、連、黏、隨，不可犯頂、丟、偏、抗之弊病。

在推手時沒有僵滯力，就減少了對方的可乘之機，而只要對手一旦出現可乘之機時，就以「三體式」集中於一點的勁力發放出來，挫敗對手。這也是孫式太極拳身勢較高、步法靈活、動作連貫的特點。

（四）練法要訣

太極拳本內家拳，不用拙力意當先。

虛領頂勁神貫注，下頷收回即自然。

含胸自然能拔背，切莫形成「羅鍋肩」。

練時沉肩又墜肘，肩聳肘懸不是拳。

塌腰能起全身力，腰不塌住靈活難。

兩腿彎曲分虛實，太極要義在裡邊。

呼吸下沉丹田穴，純任自然莫強牽。

上下相隨成一體，動作綿綿永相連。

動中求靜靜中動，練時神氣務周全。

切記要點莫遺忘，持久習練益自顯。

第六篇　太極拳宗師言論

一、王宗岳先生語錄

（一）太極拳論

太極者，無極而生，動靜之機，陰陽之母也。動之則分，靜之則合；隨曲就伸，無過不及。人剛我柔謂之「走」，我順人背謂之「黏」。動急則急應，動緩則緩隨。雖變化萬端，而理為一貫。由著熟而漸悟懂勁，由懂勁而階及神明。然非用力之久，不能豁然貫通焉。

虛領頂勁，氣沉丹田，不偏不倚，忽隱忽現。左重則左虛，右重則右杳。仰之則彌高，俯之則彌深。進之則愈長，退之則愈促。一羽不能加，蠅蟲不能落。人不知我，我獨知人。英雄所向無敵，蓋皆由此而及也。

斯技旁門甚多，雖勢有區別，概不外壯欺弱、慢讓快耳。有力打無力，手慢讓手快，是皆先天自然之能，非關學力而有為也。察「四兩撥千斤」之句，顯非力勝；觀耄耋能禦眾之形，快何能為立如秤準，活似車輪。偏沉則隨，雙重則滯。每見數年純功，不能運化者，率皆自為人

制，雙重之病未悟耳。

欲避此病，須知陰陽：黏即是走，走即是黏；陰不離陽，陽不離陰；陰陽相濟，方為懂勁。懂勁後愈練愈精，默識揣摩，漸至從心所欲。

本是「捨己從人」，多誤「捨近求遠」。可謂「差之毫釐，謬之千里」。學者不可不詳辨焉！是為論。

簡注：王宗岳《太極拳論》，是今日太極拳的經典之作。為當今一切太極拳的衡量、判別標準和準則。

（二）打手歌

棚挒擠按須認真，上下相隨人難進。
任他巨力來打我，牽動四兩撥千斤。
引進落空合即出，粘連黏隨不丟頂。

（三）十三勢歌訣

十三總勢莫輕視，命意源頭在腰隙。
變轉虛實須留意，氣遍身軀不少滯。
靜中觸動動猶靜，因敵變化示神奇。
勢勢存心揆用意，得來不覺費功夫。
刻刻留心在腰間，腹內鬆淨氣騰然。
尾閭中正神貫頂，滿身輕利頂頭懸。
仔細留心向推求，屈伸開合聽自由。
入門引路須口授，功夫無息法自修。
若言體用何為準，意氣君來骨肉臣。
詳推用意終何在，益壽延年不老春。

歌兮歌兮百四十,字字真切義無遺。

若不向此推求去,枉費功夫貽歎息。

二、武禹襄先生語錄（1812～1880）

（一）打手要言

解曰:以心行氣,務令沉著,乃能收斂入骨,所謂「命意源頭在腰隙」也。意氣須換得靈,乃有圓活之趣,所謂「變換虛實須留意」也。立身中正安舒,支撐八面;行氣如九曲珠,無微不至,所謂「氣遍身軀不稍癡」也。發勁須沉著鬆靜,專注一方,所謂「靜中觸動動猶靜」也。往復須有折疊,進退須有轉換,所謂「因敵變化是神奇」也。曲中求直,蓄而後發,所謂「勢勢存心揆用意,刻刻留心在腰間」也。精神提得起,則無遲重之虞,所謂「腹內鬆淨氣騰然」也。虛領頂勁,氣沉丹田,不偏不倚,所謂「尾閭正中神貫頂,落身輕利頂頭懸」也。以氣運身,務令順遂,乃能便利從心,所謂「屈伸開合聽自由」也。心為令,氣為旗,神為主帥,身為驅使,所謂「意氣君來骨肉臣」也。

解曰:身雖動,心貴靜,氣須斂,神宜舒。心為令,氣為旗,神為主帥,身為驅使,刻刻留意,方有所得。先在心,後在身。在身則不知手之舞之,足之蹈之。所謂一氣呵成,捨己從人,引進落空,四兩撥千斤也。須知一動無有不動,一靜無有不靜,視動猶靜,視靜猶動,內固精

神，外示安逸。須要從人，不要由己；從人則活，由己則滯。尚氣者無力，養氣者純剛。彼不動，己不動；彼微動，己先動。以己依人，務要知己，乃能隨轉隨接；以己粘人，必須知人，乃能不後不先。精神提得起，則無雙重之虞；粘依能跟得靈，方見落空之妙。往復須分陰陽，進退須有轉合。機由己發，力從人借。發勁須上下相隨，乃一往無敵，立身須中正不偏，能八面支撐。靜如山嶽，動若江河。邁步如臨淵，運勁如抽絲，蓄勁如張弓，發勁如放箭。行氣如九曲珠，無微不到；運勁如煉鋼，何堅不摧。形如搏兔之鵠，神如捕鼠之貓。曲中求直，蓄而後發。收即是放，連而不斷。極柔軟，然後能極堅剛；能粘依，然後能靈活。氣以直養而無害，勁以曲蓄而有餘。漸至物來順應，是亦知止能得矣。

　　又曰：先在心，後在身，腹鬆，氣斂入骨，神舒體靜，刻刻存心。切記一動無有不動，一靜無有不靜，視靜猶動，視動猶靜。動牽往來氣貼背，斂入脊骨，要靜。內固精神，外示安逸。邁步如貓行，運勁如抽絲。全身意在蓄神，不在氣，在氣則滯。有氣者無力，無氣者純剛。氣如車輪，腰如車軸。

　　又曰：彼不動，己不動；彼微動，己先動。似鬆非鬆，將展未展。勁斷意不斷。

　　又曰：每一動，惟手先著力，隨即鬆開。猶須貫串，不外起承轉合。始而意動，繼而勁動，轉接要一線串成。氣宜鼓蕩，神宜內斂。無使有缺陷處，無使有凹凸處，無使有斷續處。其根在腳，發於腿，主宰於腰，形於手指。

由腳而腿而腰，總須完整一氣。向前退後，乃得機得勢，有不得機勢處，身便散亂，必至偏倚，其病必於腰腿求之，上下前後左右皆然。凡此皆是意，不是外面，有上即有下，有前即有後，有左即有右，如意要向上，即寓下意，若物將掀起，而加以挫之之力，斯其根自斷，乃壞之速而無疑。虛實宜分清楚，一處自有一處虛實，處處總此一虛實；周身節節貫串，勿令絲毫間斷。

（二）身法十條

含胸，拔背，裹襠，護臀，提頂，吊襠，鬆肩，沉肘，騰挪，閃戰。

（三）四字秘訣

敷：敷者，運氣於己身，敷布彼勁之上，使不得動也。

蓋：蓋者，以氣蓋彼來處也。

對：對者，以氣對彼來處，認定準頭而去也。

吞：吞者，以氣全吞而入於化也。

此四字無形無聲，非懂勁後，練到極精境地位者，不能知，全是以氣言。能直養其氣而無害，始能施於四體，四體不言而喻矣。

（四）打手撒放

掤上平，業入聲，噫上聲，咳入聲，呼上聲，吭、呵、哈。

三、李亦畬先生語錄（1832～1892）

（一）五字訣

一曰心靜

心不靜，則不專，一舉手，前後左右全無定向，故要心靜。起初舉動未能由己，要悉心體認。隨人所動，隨屈就伸，不丟不頂，勿自伸縮。彼有力我亦有力，我力在先；彼無力我亦無力，我意仍在先。要刻刻留心，挨何處，心要用在何處，須向不丟不頂中討消息。從此做去，一年半載便能施於身。此全是用意，不是用勁。久之，則人為我制，我不為人制矣。

二曰身靈

身滯，則進退不能自如，故要身靈。舉手不可有呆像，彼之力方礙我皮毛，我之意已入彼骨裡，兩手支撐，一氣貫穿。左重則左虛，而右已去；右重則右虛，而左已去。氣如車輪，周身俱要相隨，有不相隨處，身便散亂，便不得力，其病於腰腿求之。先以心使身，從人不從己。後身能從心，由己仍是從人。由己則滯，從人則活。能從人，手上便有分寸；稱彼勁之大小，分厘不錯，權彼來之長短，毫髮無差；前進後退，處處恰合，工彌久，而技彌精矣。

三曰氣斂

氣勢散漫，便無含蓄，身易散亂，務使氣斂入脊骨。

呼吸通靈，周身罔間。吸，為合為蓄；呼，為開為發。蓋吸則自然提得起，亦擎得人起；呼則自然沉得下，亦放得人出。此是以意運氣，非以力使氣也。

四曰勁整

一身之勁，練成一家，分清虛實。發勁要有根源。勁起於腳根，主於腰間，形於手指，發於脊背；又要提起全副精神。於彼勁將出未發之際，我勁已接入彼勁，恰好不後不先；如皮燃火，如泉湧出。前進後退，無絲毫散亂，曲中求直，蓄而後發，方能隨手奏效。此謂「借力打人，四兩撥千斤」也。

五曰神聚

上四者俱備，總歸神聚。神聚，則一氣鼓鑄，練氣歸神。氣勢騰挪，精神貫注；開合有致，虛實清楚；左虛，則右實；右虛，則左實。虛非全然無力，氣勢要有騰挪；實非全然占煞，精神要貴貫注。緊要全在胸中腰間運化，不在外面。力從人借，氣由脊發。胡能氣由脊發？氣向下沉，由兩肩收於脊骨，注於腰間，此氣之由上而下也，謂之合；由腰形於脊骨，布於兩臂，施於手指，此氣之由下而上也，謂之開。合便是收，開即是放。能懂得開合，便知陰陽。到此地位，功用一日，技精一日，漸至從心所欲，罔不如意矣。

（二）撒放秘訣

擎、引、鬆、放

擎起彼身借彼力。（中有靈字）

引到身前勁始蓄。（中有斂字）

鬆開我勁勿使屈。（中有靜字）

放時腰腳認端的。（中有整字）

（三）走架打手行工要言

昔人云：「能引進落空，能四兩撥千斤；不能引進落空，不能四兩撥千斤。」語甚概括，初學未由領悟，余加數語以解之，俾有志斯技者，得所從人，庶日進有功矣。欲要引進落空，四兩撥千斤，先要知己知彼。欲要知己知彼，先要捨己從人。欲要捨己從人，先要得機得勢。欲要得機得勢，先要周身一家。欲要周身一家，先要周身無有缺陷。欲要周身無有缺陷，先要神氣鼓蕩。欲要神氣鼓蕩，先要提起精神，神不外散。欲要神不外散，先要神氣收斂入骨。欲要神氣收斂入骨，先要兩股前節有力，兩肩鬆開，氣向下沉，勁起於腳根，變換在腿，含蓄在胸，運動在兩肩，主宰在腰。上於兩膊相繫，下於兩腿相隨。勁由內換，收便是合，放即是開，靜則俱靜，靜是合，合中寓開；動則俱動，動是開，開中寓合。觸之則旋轉自如，無不得力，才能引進落空，四兩撥千斤。平日走架，是知己功夫，一動勢先問自己周身合上數項否，少有不合，即速改換，走架所以要慢不要快。打手是知人功夫，動靜固是知人，仍是問己，自己安排得好，人一挨我，我不動彼絲毫，趁勢而入，按定彼勁，彼自跌出。如自己有不得力處，便是雙重未化，要於陰陽開合中求之。所謂「知己知彼，百戰百勝」也。

（四）太極拳小序

太極拳不知始自何人，其精微巧妙，王宗岳論詳且盡矣。後傳至河南陳家溝陳姓，神而明者，代不數人。我郡南關楊某，愛而往學焉。專心致志，十有餘年，備極精巧。旋里後，市諸同好。母舅武禹襄見而好之，常與比較，不肯輕易授人，僅能得其大概。素聞豫省懷慶府趙堡鎮，有陳姓名清平者，精於是技，逾年，母舅因公赴豫省，過而訪焉。研究月餘，而精妙始得，神乎技矣。

予自咸豐癸丑（1853 年），時年二十餘，始從母舅學習此技，口授指示，不遺餘力，奈予質最魯，廿餘年來，僅得皮毛。竊意其中更有精巧。茲僅以所得筆之於後，名曰五字訣，以識不忘所學云。

光緒辛巳（光緒七年即西元 1881 年）中秋念六日亦畬氏謹識

四、郝為真先生語錄
（1849～1920，孫祿堂先生整理）

練太極拳有三層之意思。初層練習，身體如在水中，兩足踏地，周身與手足動作如有水之阻力。第二層練習，身體手足動作如在水中而兩足已浮起不著地，如長泅者浮游其間，皆自如也。第三層練習，身體愈輕靈，兩足如在水面上行，到此時之景況，心中戰戰兢兢，如臨深淵，如履薄冰，心中不敢有一毫放肆之意。神氣稍為一散亂，即

恐身體沉下也。

拳經云：「神氣四肢，總要完整，一有不整，身必散亂，必至偏倚，而不能有靈活之妙用」，即此意也。又云：知己功夫，在練十三式；或欲知人，須有伴侶。二人每日打四手（即掤捋擠按也），工久即可知人之虛實、輕重，隨時而能用矣。

倘若無人與自己打手，與一不動之物，當為人，用兩手，或身體，與此物相較，視定物之中心，或粘或走或靠，手足總要相合，或如粘住他的意思，或如似挨未挨他的意思，身子內外總要虛空靈活，工久身體亦可以能靈活矣。或是自己與一個能活動之物，物之動去，我可以隨著物之來去，以兩手接隨之，身體曲伸往來，上下相隨，內外一氣，如同與人相較一般。仍是求不即不離，不丟不頂之意也。如此，心思會悟，身體力行，工久引進落空之法，亦可以隨心所欲而用之也。此是自己用工，無有伴侶之法則也。

郝為真先生與陳秀峰先生所練之架子不同，而應用之法術，同者極多，所不同者，各有心得之處或不一也。

五、陳秀峰先生語錄
（孫祿堂先生整理）

太極八卦與六十四卦，即手足四干四支共六十四卦也。與程廷華先生言游身八卦並六十四卦，兩派之形式用法不同，其理則一也。

陳秀峰先生所用太極八卦或粘或走，或剛或柔，並散手之用，總是在不即不離內求玄妙，不丟不頂中討消息，以至引進落空，四兩撥千斤動作所發之神氣，如長江大海滔滔不絕也。

程廷華先生所用之遊身八卦，或粘或走，或開或合，或離或即，或頂或丟，忽隱忽現，或忽然一離，相去一丈餘遠，忽然而回，即在目前，或用全體之力，或用一手，或二指，或一指之一節，忽虛忽實，忽剛忽柔，無有定形，變化不測。

形意、八卦、太極三家，諸位先生所練之形式不同，其理皆合，其應用亦各有所當也。

六、郝月如先生語錄（1877～1935）

——敷、蓋、對、吞四字秘訣解

敷：

敷者，運氣於己身，敷布彼勁之上，使不得動也。

解曰：此是兩手不擒、不抓、不拿，僅敷在彼之身上，以氣布在彼勁之上，如氣體一般之輕，令彼找不到有絲毫得力之處；以精、氣、神三者貫穿住，使其無絲毫活動之餘而動彈不得。

蓋：

蓋者，以氣蓋彼來處也。

解曰：此是以氣蓋住彼勁，而又不使之驚動，令彼有再大的勁力亦發不出。

對：

對者，以氣對彼來處，認定準頭而去也。

解曰：此是須認定彼勁來之目標，以氣對準彼勁之部位，與彼勁之大小、長短和粗細盡相吻合，運勁如百煉鋼，何堅不摧。

吞：

吞者，以氣全吞而入於化也。

解曰：此是須以己之磅礡氣勢將彼之周身包圍住，並吞噬其全勁，而又加以化之，使其勁力再大也必落入於全身覆沒之地。

又解曰：

以上四字絕妙。周身必須達於猶如氣體一般之柔軟，氣勢達於磅礡之慨，全身好似氣球一般而無懈可擊，行氣自如而能遍及全身之境地。非懂勁後，煉到這種極精境地者不可得。完全是以氣運動而走內勁，所謂「全是以氣言，無形無聲」。

再曰：

這四個字雖然它們的用法不同，各有其妙用，但是字字之間有著密切相聯的關係，既是互相合作的，又是都可以互相轉換的，不是呆板的。惟有四字同時存在在習者的意念中，運用時才能因敵變化，隨機所用而變換靈活，乃能得心應手，使無形無聲的氣言，能夠演出太極拳神妙無比的絕藝。

七、郝少如先生語錄（1908～1983）
——太極拳概論

太極拳是中華民族智慧的結晶，有著極其精湛的拳藝和深刻而豐富的哲理。愛好者在學拳之初，首先應瞭解太極拳名的涵義。由此明瞭練拳方向，從而在行功實踐中自覺地按照太極拳的理法進行習練。這樣便能少走許多彎路。

何謂「太極拳」？簡單地說：太極，是由人體內在的物質所產生的辯證運動；拳，是肢體動作的外形運動；太極與拳，即內形與外形的運動辯證地統一結合。必須以內形的運動變化來支配外形的運動，即用太極運動支配拳的運動，這便是「太極拳」。如果只有外形的運動而沒有內形（太極）的支配，只能稱之為「拳操」，而不能謂之太極拳。所以習練太極拳，必須求達內外運動的統一，使之名副其實。

太極拳，是我國古代哲學思想對拳術運動進行概括、總結和指導的產物，是由古代唯物辯證法的哲理奠定而成的。由於這一拳術有著非常豐富而又極為深刻的辯證內涵，故有人稱之為「哲學的拳術」。「太極」這一拳名，正是取自我國古代哲學中「太極」學說的專有名詞。

太極拳理要求，無論前進後退、左轉右旋、一舉一動，人體所產生的氣勢都必須達於無有缺陷的圓滿境界。而「太極」這一名詞的哲學涵義，正是圓體中包含著物質

運動的對立與統一。這也是之所以取「太極」為其拳名的意義所在。

太極拳以唯物辯證法的物質運動處處存在著兩個方面的哲理為內容，以它們既是互相對立的、又是互相統一的哲理為靈魂，透過人的意識來指揮人體隨意機能，使之按照物質運動的基本規律進行非常精微細緻的高級運動，產生極為神奇巧妙而頗具藝術性的人體力學。因此太極拳自成一門藝術，而不是單純的技術型拳術。

習者不但要清楚太極拳名的涵義及其運動的性質，更要研究它的哲理，並在行功實踐中運用太極拳的方法論去掌握其運動的基本規律，領悟它的拳法。

習者應該將其當作一門人體力學藝術來求學，首先要從思想上樹立起藝術觀念。純粹的技術觀念，是不利於掌握太極拳藝的。

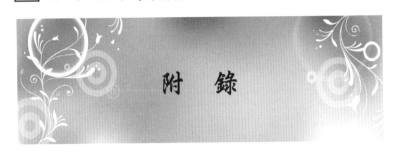

附　錄

一、恬淡靜泊，志存高遠

——憶先師孫劍雲

　　劍雲師已仙逝有時，然而，師傳我孫式太極、形意和八卦三拳和三劍時的音容笑貌卻彷彿如昨。

　　1992年，我隨劍雲師習練孫氏拳。由於此前我已修習蒙古密法十數年，所以劍雲師根據我當時的學習條件，令我先習孫式太極拳和劍。一年後，師才令我習練孫式形意拳、純陽劍和孫式八卦拳劍。劍雲師教學極嚴，一套拳劍下來，練習當中的纖細差錯都逃不過師的眼睛，老人家都會如數家珍，娓娓道來，然後要你依規重演，直至師滿意為止。

　　記得初習時，師對我所習拳一週一查，對動作和神意方面的錯誤逐點訂正，可謂錙銖必較。察覺我練習有所懈怠時，便語重心長地對我講，「老先生（即孫祿堂先生）在日，常說『人一我十，人十我百，如此修煉，才有可能得拳中真諦』。這個規矩今天依然如此」。劍雲師鄭重道來，令我冷然一醒，懈怠之心頓去，修拳信心倍增。

　　劍雲師品德高尚，在社會和武術界有口皆碑。對此，我的師兄們曾多次撰文報導，其他事例還有許多。師教習拳劍甚嚴，然而在生活上待學生弟子卻如親生，弟子們生活習性師皆了然於胸。

　　每次在師家習拳吃飯時，我們都能在飯桌上找到自己可口的飯菜。而師自奉甚儉，每飯所食素且簡。師與鄰里相處和睦，鄰里間往來頻繁，經常互贈飯食，我們這些習拳的弟子也常能順享口福。

　　劍雲師在武術界輩份、資歷和修為都堪稱元老級人物，但對同道和後學卻極謙和。遇有同道來訪，總是盛情相邀，以禮相待。遇後學求教，師總是循循善誘，誨人不倦。記得我曾帶友人至師家求教拳學疑惑，當時師正相送訪客，當時師年屆八旬，我們均擔心師身體過勞，打算改日就教。而師竟不辭辛苦，為友人深入淺出，解答拳學疑惑，直至明白為止。

　　劍雲師多才多藝，能書擅畫，深通四書五經等國學典籍。並囑我盡力抽出時間對之進行研習，說，「拳劍與書畫在理趣方面頗多相通之處，許多妙處深習後可默識於胸，於悟徹拳理大有裨益。」惜我後來由於工作繁忙，未能堅持，至今思來頗覺愧對師囑。

　　在教導學生弟子處事為人方面，師將之與教拳並重，經常囑咐我們要「謹言慎行」，寥寥數語，思之深遠，至今仍覺受益匪淺。

　　情景猶存，吾師已去；憂思愁憶之中，歌詩一首，以志對劍雲師的懷念之情。

武林風雨愁逝賢，師已乘鶴彩雲間；

輕點慢說前後事，恬淡靜泊意超然。

志存高遠傳絕技，春華秋實果萬千；

繼承師志勿懈怠，自有我輩疾奮鞭。

二、蒙古密法簡介

（一）我修習蒙密的經歷

跟隨外祖父學習治病功法時，才知道有蒙密這種功法。由於功法著重心意的訓練，有時也被稱為意法。系統地學習，並對之有一個較為深刻的認知，還得從上大學時我生病談起。

記得 1981 年，我考入清華大學，在機械工程系讀書。不久，即因病休學。在清華校醫院住了接近一年，後又轉至北京一傳治療數月，均未見明顯好轉。清華大學學制五年，本科生因病休學最多不能超過二年。而我的休學治療已一年有餘，心中焦急之情可想而知。情急之中，想起了我的外祖父。

記得兒時，母親曾講過，外祖父年輕時在烏蘭浩特出家做過喇嘛，去過西藏，專修蒙醫。常言道，偏方治大病。抱著試試看的想法，我回老家找到了外祖父。希望他能儘快治好我的病，讓我順利返校。

當時，清華大學的暑假有八週。1982 年暑假，我正式隨外祖父修習蒙密。數月之後，我便返校讀書了。兩年

後，身體健康狀況完好如初。身體痊癒後，我堅持修習這門功法，歷經二十多年，直至今日。

（二）蒙密的起源

關於蒙密的起源，據我所知，未曾見諸文字。這裡，我將外祖父的口述資料，進行簡單整理，刪繁就簡，介紹給大家。

據傳說，這門功法是一位叫哈丹巴圖的智者創製的。元朝前後，成吉思汗的大將，獲封太師國王的木華黎和做過宰相的耶律楚材修習並宣導這門功法，才使得這種功法逐漸在社會上傳播開來。

據我的外祖父講，蒙密來源於薩滿教的修習功法和藏傳密法。是召廟中的高僧和世間的大德們調整身心的手段和方法。這種功法注重基於中脈的形神修煉，統稱體學，進一步還可細分為形學和神意學。整套功法分為整、覺、象、明、了、色、空等七步。整是形學的主體部分，而其他六步則構成神意學的主體內容。其實，各步均對形神有著非常特殊的具體要求，只是側重點有所不同。

（三）蒙密的練習方法

修習這門功法，應從身體各個部分的安排做起，著重培養身體的獨立意識。具體做法是將自身想像成以腰部為中界的兩個底面相重合的金字塔，這兩個金字塔一正一倒，上部為正，下部為倒。以腰部為中界，想像著，讓自己身體的各個部分儘量和金字塔的面和棱發生關係。在這

一想像和自身約束的過程中，最初身體最明顯的感覺是不穩，站不住，有上不著天、下不著地的感覺。

想像和自身約束並不是盲目的，這一過程對身心有著特殊的要求。對身體的要求表現為形學；對心意的要求表現為神意學。這種要求總的來講分為七個階段，即整、覺、象、明、了、色、空等。

整字階段：

實際上，這一階段是一個完形階段，即造就自身金字塔形的階段。對頭手肩肘胯漆足等各個部分進行著意訓練，如頭宜懸鬆，手宜虛含，肩要定住，肘宜垂斂，胯喜鬆軟，漆喜挺堅，足要騰挪等等。各個部分在遵循各自狀態的前提下，進行金字塔構形。

覺字階段：

這是一個身體各部分既守規矩又脫規矩的階段。上下一正一倒金字塔初步形成。在意念力強弱變化的作用下，金字塔構形可表現為形變。

象字階段：

這一階段，金字塔構形完全形成，整體性的伸縮都可以做到。心意可以和形體呈現為反向或逆向運動。

明字階段：

這一階段實際上是讓身體金字塔構形的變化和人的心意進一步發生關聯，在身體上表現為某些部位有熱感或諸如酸麻漲痛等感覺的產生。

了字階段：

這是一個金字塔構形若有若無的階段。在這個階段，

心意的作用凸顯。身體各個部分主要在心意的驅使下，隱隱地守著規矩，動作表現為虛靈鬆活。

色和空階段：

這一階段，我只是聽外祖父談起，對他做的動作我不能做出科學的解釋，因此略而不談。

（四）功法理論概要

以下是我自 1982 年修習蒙古密法（意法）以來，結合自身實踐，對外祖父教授理論的簡單歸納總結。

1. 意法淺說

此法創自先人，其時已不可考。據傳說，額爾古納河源頭一智者，稱哈丹巴圖者，傳之於元之耶律楚材及木華黎等。法始布於世。

法之準則為應無所住而生其心，由是而致形神相分，而非離。既有形神，必以分論，遂分七大步驟，為整、覺、象、明、了、色、空等。每一步驟相關形神，而側重不同。

自人降生以來，四肢均勻長大。骨骼、肌肉及隱伏其中諸類組織，皆以體元膨大為主。從形而論，撐天倚地，視為必然。遂有勁自足踵，主宰於腰，形於四肢，成為必然之法則。然則長大之時，必有縮小之事體，而常人不察。

意法之先人以為，人身本於中脈，體元及意元有機結合，遂有形神。身體發達之時，必是意元耗散縮微之際。

此時，宜以意斂之。引導身體諸部，趨於孤立規則。以減緩意元耗散縮微之力度，使其均勻散失，與體元離分相諧。而有陰平陽秘之果，又有通及中脈，旁達左右之功。

整法當細心安排身體各部，逆常規而為之。使勁不起於踵，使腰不負重，惟精神稍緊。緊在何處，下當分論。

自想身體成為正負金字塔，塔分八面，尖端指向上下。身體諸部附於其上，托於其內。此時，足不粘地，上惟懸絲，此危境也。當此時，宜妙覺諸部，以穩定為本，遂有覺法生。

覺時，當身體求穩，不敢稍動主意，恐有散亂之危。此際，力點意點常自分離，不由自覺，副意識暗生。總之，雜亂無章，千頭萬緒，為此際要點。

象際，漸於無章法中，有整形之飄忽，常逸於體周數米之境。忽遠忽近，不由自主，瞻之在前，觀之在後，出入本體，稍覺自由。

明際，是於象法飄忽既久，必有常經之處。像重疊既多，而痕跡亦著，遂有身體七大明點自生。此時，據明點，似據關，諸路皆現。妙察察物，視為當然。

明法既有，強度不定，於明暗間，遂有寂點生，此是了際。了常據弱，見微知著。有七情相擾，遂使了字難住，又不得不住。七般情緒，在於自主。此階段主練心性。

法練身心，使之俱寂，不因外境而生心魔。此境既具，而任以四途，為政、醫、兵、師等。以利於世。

2. 意法口訣記要

總　論

體意永相連，形神難各半；
身體隨處解，意法無要點；
七情載德去，遨遊天地間；

塔形構架解析

虛靈頂暗勁，極頂通湧泉；
腰脊初似直，足底微微點；
三心常映照，玄關十五偏；
意注百二十，心中存八面。

體元意元說

意外體圓，體外意尖；
達意知體，易簡通玄。

形神論

枯形不果，純神易亡；
神在形盈，形去神寂；
意體則神，體意則形。

身體分解論

支離破碎，信馬由韁；
行止拘束，意在八方。

意法要點

鬆法細分有對順，搖擺定點加浮沉；

前後左右意猶遲，零落終要上下根。

德法載體論

情為意旨，德作其輔；

德孤情狂，意法迷離。

意法體用論

法之體用，本於無形；世事廣大，虛無其中。

妙在整念，安排各端；心繫惟一，諸般安然。

覺法體察，在接外點，混融和體，自居其間。

覺覺成流，象呈天元；流通六虛，明點漸現。

現現出光，法理明暗；恬淡靜泊，了意當然。

身心修為，本此歌訣；至於其用，當於其間。

三、孫式太極拳文化內涵初探

我從 1992 年師從孫劍雲師習練孫式太極拳，此前，對於陳式、楊式等其他式太極拳都有所涉獵，但最終定位在孫式太極拳。習練多年，自覺這種運動形式，蘊含許多有價值的東西。值得玩味和推敲。

太極拳雖然名之為拳，但實際上，尤其是近幾十年來，它一直在向功的方向轉化。從創拳初始的強調技擊效應，到近代的強調健身和養生，都說明了這種變化。因

此，近年來，大多數人習練的各式太極拳，稱之為太極拳功，其實更為合理。

孫式太極拳由孫祿堂先生創製，是現代流行的陳楊武吳孫五大流派太極拳中最晚產生的拳種。應該說，孫祿堂先生從文化建設的層面對其所學的形意、八卦、太極等多種拳功進行了匠心獨運式的重構，追求運動形式和內涵的高度統一，不以動作層面的「難能」為可貴，以求意和形的高度協調。

我曾在為童旭東先生《孫式武學研究筆記》所作的序中，將孫式武學的歷史性和學術性特徵簡單歸納為，「孫式武學，綜合流派，沉思精釀。參武當，訪少林；採形意，和八卦，證太極。據易品道，推陳出新，卓然獨立，自成一家；儼然武學一崑崙。」

這段話的主旨是說，1919 年，孫祿堂先生合畢生心力所作的《太極拳學》等五部武學著作，實際上是對當時的中國武術各流派成果進行綜合歸納後的結晶性成果，是中國武學發展史上的里程碑。

（一）孫式太極拳的運動特點

在大家的印象中，孫式太極拳的特點是架高步活，進退相隨，進步必跟，退步必撤，每轉身以開合相接。實際上，進一步講，孫式太極拳深層面的特點是追求形順基礎上的意形調和，講究形和意適中。形不緊，則意自活；意自活，則形必順。如此形到意和意到形，不斷調試，方使身體運動時，中正不偏，協調有度，乃至於達到最佳的

「虛靈頂勁，氣沉丹田，不偏不倚，忽隱忽現」的中庸狀態；對肢體和神經有較大的健益作用。

此外，孫式太極拳講究「避三害守九要」。避三害是要求練拳時，切忌努氣、拙力和胸挺腹提；守九要是要求練拳時必須「一塌，二扣，三提，四頂，五裹，六鬆，七垂，八縮，九起鑽落翻要分明」。其實，這些規矩就是王宗岳先生《太極拳論》中所要求的「動之則分，靜之則合；隨曲就伸，無過不及」的太極狀態對身體各大關節和相關部位的運動要求，是心意在指揮身體動作時的具體指令，是孫祿堂先生根據自身武術實踐的切身體會對王宗岳先生《太極拳論》的進一步闡示和細化。

對「避三害守九要」可作進一步的解析，努氣則丟力，拙力則忘意，胸挺腹提則導致氣浮力剛，身體無根。因此，練拳時，「三害」不可不避。塌扣提頂裹鬆垂縮主要落實在心意上，起鑽落翻分明主要落實在動作的節奏上，講究「九要」即是講究動則俱動，靜則俱靜，動靜相宜有度，節奏鮮明適中。

另外，練習孫式太極拳時，建議將練拳過程定位在雕刻狀態。也就是說，在太極拳練習過程中，要時刻關注周身，對每一個動作細節要精打細算。在這一過程中，心意和力是工具，身體各大部位和關節則是被雕刻的對象。記得前輩老師們曾講過，慢到十分處，便是快到十分處。也就是要求將練拳過程細心揣摩，悉心體認，注重對自身進行感覺觀察。要體會「心靜、身靈、氣斂、勁整和神聚」的狀態，建立其間的邏輯關係。這種關係最初是模糊的，

甚至很長一段時間內，都會很模糊。但隨著理清路明和乾乾之功的不斷相互促進，必然「功用一日，技進一日」，最終達到自如狀態。

（二）孫式太極拳的文化內涵

孫式太極拳的文化特徵非常明顯，對孫祿堂先生所著《太極拳學》進行認真解讀，會更加深刻地認識到這一點。太極是中國文化的標誌性特徵，將一種運動形式冠之以太極之名，是先人們對運動進行理性思維的一種訴求，是對一種運動形式的文化內涵進行深入挖掘的必經之路。孫祿堂先生對形意、八卦、太極等許多武學流派進行的實踐和思考，並將之結晶為《形意拳學》、《八卦拳學》、《八卦劍學》、《太極拳學》和《拳意述真》等五部著作，使他當之無愧為這方面的集大成者。

孫祿堂先生在其所著的《太極拳學》一書中，從傳統哲學層面出發，全面系統闡述了太極拳名稱的由來。指出，「太極即一氣，一氣即太極」，即太極是一種高度有序狀態，並且，這種狀態因時空而變，是一種隨時適應時空變化的高度有序態。這種有序態的標誌性特點即是協調，就是「隨曲就伸，無過不及」。用孫祿堂先生的話講，就是「一氣之伸縮」。也就是說，由於孫式太極拳從運動形式和心意狀態而言，已經具備了太極文化的這種特徵，故此名之為太極拳學。

體系性是文化的重要特徵，孫式太極拳學根據「一理、二氣、三才、四象、五行、六合、七星、八卦、九

宮」來建構自己的學術體系。現在看來，這種說法確實有些與當下流行的自然科學主體文化在表面字義上顯得格格不入。但形式上不一致，未必實質內容上不存在關聯。對之進行消化式的吸收，而不是簡單的拋棄應是當代太極文化學者的使命性任務。否則，我們會失去先人們苦心孤詣用他們那個時代的文化標定下來的實踐成果的精髓。

孫祿堂先生將這種建構的太極文化思維應用於自身武學運動形式的思考，並具體解釋為：

一理者，即太極拳術起點腹內中和之氣，太極是也。

二氣者，身體一靜一動之式，兩儀是也。

三才者，頭手足，即上中下也。

四象者，即前進、後退、左顧、右盼也。

五行者，即進、退、顧、盼、定也。

六合者，即精合其神，神合其氣，氣合其精，是內三合也；肩與胯合，肘與膝合，手與足合，是外三合也。

七星者，頭、手、肩、肘、跨、膝、足共七拳，是七星也。

八卦者，掤、挒、擠、按、採、挒、肘、靠，即八卦也。

九宮者，以八手加中定，是九宮也」。

這九句排列式的組話，應是孫式太極拳學自身文化體系的標誌性特徵，是孫式太極拳學的太極文化綱要。

用「一理」定拳，在行拳過程中始終堅持一氣伸縮的道理，即成太極拳。一動一靜互為其根，這就涉及到了「兩氣」一說。動靜互換之中，頭虛靈，手虛張，足平

踏，一動無有不動，一靜無有不靜。上中下一氣貫穿，稱之為「三才」。涉獵周邊，方有「四象」。此間，不敢或忘中定，並以之貫穿，故又有「五行」。

運行連綿之中，動作鼓盪之處，時時斂心內視，使精、氣、神群龍無首，各守其位，互相標定，稱之為「內三合」。手、肘、肩、胯、膝、足六大關節隱隱與之相應，對外顯現「外三合」。實際上並無內外，總稱「六合」。據有「六合」之態，頭、手、肩、肘、胯、膝、足則各顯其妙處，有拱衛之象，成為「七星」。

具體而言之，所謂妙處即是掤、捋、擠、按、採、挒、肘、靠，共八種勁別，定為「八卦」。八種勁別雖各具特色，其共同處則為中和，最終歸之為「九宮」。

如此，太極拳一發動，則「雲行雨施，品物流行，大明終始，六位時成」矣。此為孫式太極拳學拳理之大概，又為孫式太極拳學文化內涵之大略。

四、太極文化的七步九點論

（一）太極文化創意實踐引言

太極是中國文化中的重要標誌，如果用理性與否進行區分，太極文化當屬文化中的理性層面。太極文化由來已久，它兆端於西周時西伯所寫，後經孔子為代表的儒學先賢們不斷豐富完滿易學經典，千百年來，歷經朝代，流轉變化，據老莊，參法墨，借陰陽，存旁門，時隱時現，或

微或要。

至於今日，文化復興，太極所喻和諧互補，漸為世、為事、為人所重。其所示循序漸進之秩序，來龍去脈之趨勢，伸縮自如之形態，益見彰顯。當此時，詳敘源流，考訂內容，探之究之，鑽之研之，條理成文，公示同好，當為必要之事。

（二）太極文化源流和內涵簡述

文化是中國語言系統中古已有之的詞彙。根據記載，西漢以後，文化才作為一個完整的詞彙出現。如「文化不改，然後加誅」（《說苑‧指武》），「設神理以景俗，敷文化以柔遠」（《三月三日曲水詩序》），「文化內輯，武功外悠」（《文選‧補之詩》），等等。文化作為人類社會的現實存在，具有與人類本身同樣久遠的歷史。

後來，對於歷史有記載的起點而言，文化漸行漸遠，直至今日。於種類而言，可謂林林總總，支分派別，各色各樣，千姿百態。對之進行細分詳察，發現，太極文化別樹一幟，可謂文化中具有標誌性特徵的一種。其深淺不一，可謂家喻戶曉。

「太極」一詞最早見於先秦典籍《莊子‧大宗師》中，《南華真經》之《大宗師篇》中說到「夫道，在太極之先而不為高，在六極之下而不為深」。太極一詞還見於《太上老君太素經》和《上方大洞真元妙經圖》兩文中。《太上老君太素經》中說，「故易有太極，太極謂太易。太易者，大曉易，無有先之者。謂浩浩白氣也。乃有太

初。太初者，氣之始也」。

「太極」是《周易》中的一個重要概念。戰國之際，隨著原始卜筮在人們生活中的廣泛運用，系統解釋《周易》的著作陸續出現，成書於戰國時期的《易傳》之《繫辭上篇》中說到，「易有太極，是生兩儀。兩儀生四象，四象生八卦」。漢代以下，哲學史上圍繞著「太極」問題展開了長期的論辨，不僅儒家有多種理解，而且，道家、釋家亦注解《周易》，各取所需，藉以宣揚自己的教義，於是太極經歷了由實而虛，由氣到數，由理到心等等曲折變化的過程。

至宋，周敦頤、邵雍等宣導太極，主張秩序，使太極文化又顯於一時。周敦頤著有《太極圖說》，提出「無極而太極。太極動而生陽，動極而靜，靜而生陰，靜極復動。一動一靜，互為其根」。

至元，蒙古帝國憑藉其由軍事而政治的強勢，實行宗教自由，集天下英才於大都（今北京），修訂豐富蒙古密法，太極文化遂以「整、覺、象、明、了、色、空」等七步學說形式得以傳承延續。

而後，沉寂至明末，有王宗岳著太極拳論，將中國武術中的一種拳冠之以太極之名，以示標榜。太極文化覓得一載體，遂漸成顯流。清末，楊式太極拳宗師楊露禪來京傳授拳法，太極拳以其卓越品質顯名京師。陽春白雪，下里巴人，三教九流，各據本位，探賾索隱，後繼發揚。遂使太極拳以陳楊武吳孫五種形式，各擅其長，交相輝映，飲譽當今。

太極文化如影隨形，漸成人民的時尚意識。更有社會賢達多方提倡，遂至推波助瀾。太極文化成激揚清波之河流，蕩汙去垢，蜿蜒徜徉於人們意識的原野之中。助人恬靜淡泊，休生養性，諸益漸顯，與時偕進。

總之，太極文化歷經朝代，寓於儒釋道及當今科學等諸學之中，是關於物、人、事的思考。它「仰觀俯察，象天法地」，「近取諸身，遠取諸物」，由物而人，由人而物，不一而足，終及於事。

（三）七步九點論的基本內涵

如果將文化視作一個優美的人體，那麼可將太極文化視為骨架類的東西。它的美妙之處在於它的結構，在於它的韻律，更在於由於這種結構和韻律導致的優美人體的各種各樣的健康姿勢。

抽象而言，太極文化是一種思維方式以及採用這種思維方式對自然進行描述、對社會進行思考和理想預期、對人本身進行平衡準則訓練的全部結果的綜合集成，可以進一步具體描述為七步九點。

七步就是產生於蒙元帝國時期的蒙古密法中所說的整、覺、象、明、了、色、空等七步學說，用以描述歸結事物發展的全過程。

九點即是針對上述事物發展七步說的每一階段，還可以從瞬態進一步細分為一理、二氣、三才、四象、五行、六合、七星、八卦、九宮等九點來進行不同角度的詳細刻劃。也可謂之一事九觀。

　　關於事物發展的七步說，體現了事物發展的時間歷程。九點說則是瞬態或暫態時的思維空間層面。如此形成的一個立體式的思考結果群，便是太極文化的本體。這樣一個本體必然對周邊的所有帶來影響，也就形成了太極文化的全部。

　　武學思想家孫祿堂先生所說的「太極即一氣，一氣即太極」可能就是這樣情形的一種事物，它的始終都很遙遠，具體形態並不十分確切，古往今來對之的描述都具有相當的不確切性；它的內涵可謂「其大無外，其小無內，放則彌於六合，捲而退藏於密」。

　　在實際生活中，人們對太極文化的理解和應用常常是在「百姓日用而不知」的狀態。

　　對於七步說，「蒙古密法簡介」一文中的「意法體用論」這樣寫到：

　　「法之體用，本於無形；世事廣大，虛無其中。妙在整念，安排各端；心繫惟一，諸般安然。覺法體察，在接外點；混融和體，自居其間。覺覺成流，象呈天元；流通六虛，明點漸現。現現出光，法理明暗；恬淡靜泊，了意當然。身心修為，本此歌訣；至於其用，當於其間。」

　　上述文中，對七步中的五步都有一個言簡意賅的說明。對於事物發展的「色」和「空」段，根據當時學習的體會，我個人認為，「色」段已然是一個從「必然王國」走向「自由王國」的階段，在這個階段，一切變得豐富多彩，所有事物相因相生，互為結果。「空」段則是一個得意忘形的階段，古人所說「得意忘象」，「大同」是這一

階段的主要特徵。

用九點論剖析七步說，在事物發展的七步說中，每一階段都有一個主導原則，也就是這個「一理」。本文中，各階段的一理都可以用七步論中的字進行概括。即「整」階段是整，「覺」階段是覺，餘此類推。

事物發展過程中，每一階段都有多種屬性相伴。如運動性、穩定性、功能性、特徵性、轉化性等多種屬性。二氣、四象、六合主要相關事物發展的運動性，三才、五行相關事物發展的穩定性，七星相關功能性，八卦相關特徵性，九宮相關轉化性。期間也有交叉，如六合也相關對穩定性的描述，等等。

（四）七步說簡述（剖析）

蒙元帝國時期由多民族賢達人士傳習的蒙古密法將修身過程劃分為整、覺、象、明、了、色、空等七步。根據太極文化對於物、人、事的多元一理性，推及事物，稱之為事物發展的七步說。

蒙古密法與明後的太極拳一樣，具有修身、養性、益智、利事的功能。「蒙古密法簡介」一文中曾說到：

「法練身心，使之俱寂；不因外境而生心魔。此境既具，而任以四途；為政、醫、兵、師等。以利於世。」

這裡所說的「寂」是指透過修身，心性達到的理想狀態。這種狀態非常有利於人們以正確理性思維有效投身於社會等各項事務當中，從而有助於使社會的整體狀態更加和諧。由此可見蒙古密法中所蘊含的太極文化施之於物、

人、事的多元一體性思考觀。

　　「整」字發展階段是事物發展的初期階段，目的是建立聯繫，形成整體。主導原則是統籌整合，區分主次。應用九點論，可以發現，在這一階段，穩定度不高，隨機運動性較強，功能不突出，特點不明顯，總體呈僵化狀態。

　　「覺」字階段，系統中的事物普遍建立聯繫，但事物的聯繫度參差不齊。

　　「象」字階段，系統中，事物發展模式初步確立，有一定的功能顯現。

　　「明」字階段，事物發展模式趨於成熟，功能顯現實現可控。

　　「了」字階段，對事物發展的參與或控制駕輕就熟，如晝夜往返，四時運行。

　　「色」字階段，是一個豐富多彩的階段，各種事物各據其位，各謀其時，各展其才，不一而足。

　　「空」字階段，是一個天下大同的階段，其層面更在豐富多彩之上；各種事物的發展基本上呈現不徐不疾、從容中道的狀態。更有許多未知事物處在一種萌生的狀態。恰似空明的曠野中，又現一種如薄紗般的淡淡雲霧。人無心則略，有心則察。總之，隨性情而自覺。

　　綜上所述，可對七步說作如下概述：

　　「整」即是建立聯繫，「覺」即是深化認識，「象」即是選擇模式，「明」即是發揮作用，「了」即是自然運行，「色」即是豐富多彩，「空」則是預知未來。

（五）九點論簡述（剖析）

1919 年，武學思想家孫祿堂先生在其所著《太極拳學》一書中提出「一理、二氣、三才、四象、五行、六合、七星、八卦、九宮」學說，用以刻劃太極拳的思維架構。本文將這種描述事物的思維方式稱為九點論，也稱作一事九觀說。

所謂「一理」，由孫祿堂先生所說的「腹內中和之氣」推及於事物，就是在統籌全域，具有整體觀的前提下，堅持重點論和中心論。在事物發展過程中，是「綱舉目張」的綱，類似於人體成長過程中的骨架。在九點論中，「一理」具有統攝其他諸點的作用。無此，則其他諸點無法展開。

「二氣」也就是陰陽二氣，是中國哲學中的重要概念，《易傳》用陰陽解釋《易經》中的兩爻，提出「一陰一陽之謂道」，表徵矛盾對立面之間的對立統一。「四象」、「八卦」也都是《易經》和《易傳》中的重要概念。在九點論中，用以表徵事物發展過程中的運動性。所謂運動性，起始必為動靜分合，即「動之則分，靜之則合」。呈現所謂「二氣」效應。進一步細分，應為太陰、少陽、少陰、太陽等四個狀態，形成流轉之「四象」態勢。再進一步細分，則呈現動態的「乾健、兌說、離麗、震動、巽入、坎陷、艮止、坤順」共八種狀態的「八卦」屬性。這是在運動中顯現的「八卦」態勢。

「三才」在古典哲學中謂之天地人，是用於闡述這三

者之間關係的架構。九點論中，主要用於表述事物發展過程中的時空穩定性，具體是指時間上的過去、現在、未來，空間上的上中下、左中右和前中後。「五行」則是從事物發展過程中的諸多因素相生相剋的角度表述事物發展的穩定性。「三才」說的是事物的時空位置，而「五行」說的是事物矛盾運動狀態中的特有穩定屬性。

「六合」就是實三合和虛三合的合稱。實三合表徵事物的形態；虛三合則指事物的「精、氣、神」，相關事物發展過程中的本質性的東西，是在事物金、木、水、火、土五種屬性相互作用基礎上的昇華。事物的「六合」狀態包含了變化和穩定兩種屬性的交互，用於描述多系統間的相互聯繫，這種聯繫包含矛盾和依存及其相互之間的轉化。

「七星」原意即北斗七星。古代很重視北斗七星的作用，當時的文化哲人認為自然界和人間世事的變化皆由北斗七星而定。在太極拳中，指頭、手、肩、肘、胯、膝、足之間的協調運動對外所體現的特定功能，推及事物，則指在運動和穩定過程之中體現的一以貫之的特定功能。

「八卦」是《周易》中「乾、兌、離、震、巽、坎、艮、坤」八種卦象的簡稱。在「九點論」中，指事物發展過程中，具有協調功能態時的多種屬性，用於對事物的特定協調功能進行更加詳細的刻劃，從而把握事物的發展規律。這八種屬性是「健、說、麗、動、入、陷、止、順」，共計八種。

「健」相關事物的發展活力，「說」相關事物的適應

性,「麗」相關事物的影響力,「動」相關事物的運動性,「入」相關事物的切入點和深刻度,「陷」相關事物的柔韌度,「止」相關事物發展過程中的穩定度,「順」相關事物發展過程中的結合度。

「九宮」源自河圖的九宮之說,河圖將一至九按順序排成三行三列矩陣,此矩陣橫豎對角相加均為相同常數。在九點論中,推及事物,是指事物發展狀態的不徐不疾,鬆緊適度,從容中道等屬性,是事物經過上述諸「點」刻劃後的一種綜合描述。可以據此判別事物的發展趨勢。

九點論或一事九觀說要求分析問題時一定不要拘於成法,一到九點的引申意義是別開生面,不拘一格。總之,以達到把握事物發展過程的通體透徹為目的。所謂「探賾索隱」即此意也。

七步九點論是對太極文化體系基本框架的一種假說。這種說法試圖對事物發展的時空和屬性進行統觀式的描述和說明,以便在事物的發展過程中,細化整體,理清要素,把握事物的發展趨勢,實現主客觀的最佳協調。

歡迎至本公司購買書籍

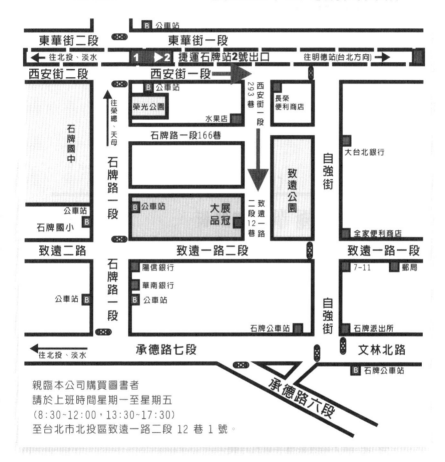

親臨本公司購買圖書者
請於上班時間星期一至星期五
(8:30~12:00,13:30~17:30)
至台北市北投區致遠一路二段 12 巷 1 號。

建議路線
1. 搭乘捷運、公車
　　淡水線石牌捷運站下車,由石牌捷運站2號出口出站(出站後靠右邊),沿著捷運高架往台北方向走(往明德站方向),其街名為西安街,約走100公尺(勿超過紅綠燈),由西安街一段293巷進來(巷口有一公車站牌,站名為自強街口),本公司位於致遠公園對面。搭公車者請於石牌站(石牌派出所)下車,走進自強街,遇致遠路口左轉,右手邊第一條巷子即為本社位置。

2. 自行開車或騎車
　　由承德路接石牌路,看到陽信銀行右轉,此條即為致遠一路二段,在遇到自強街(紅綠燈)前的巷子(致遠公園)左轉,即可看到本公司招牌。

大展好書　好書大展
品嘗好書　冠群可期